NGWANA MAHANA A JWETSWA

Thabang Tsolo

Ngwana mahana a jwetswa

Southern Sotho Drama

Copyright Thabang Tsolo 2022

South Africa

Published as an ebook and print

On Draft2Digital

First edition 2022

Tse ka hare

Diteboho ke di lebisa ho Batloung le Bataung ba nkgudisitseng ba nqaha letswele. Le nna ka kgona ho tseba Sesotho puo ya marena. Dikgomo"'

Dikahare

Dibapadi

Mmatseko-mohatsa Patrick

Patrick- monna Mmatseko

Tseko- mora wa Patrick le Mmatseko

Lehlohonolo- motswalle wa Tseko

Mmalehlohonolo- mme wa Lehlohonolo

Mmadisebo- motswalle wa Mmatseko

Disebo- ngwana Mmadisebo

Detective Lebina- monna wa lepolesa

Sekekete- monga lebenkele

Mmataelo-mosadi ya rekisang dikgoho

Hona le mantswe a sa tlwaelehang a sebediswang ke batjha, empa le ha a sa tlwaeleha jwalo,ho bobebe ho ka a tseba hore a bolela eng. Mme ke entse bo-nnete ba hore ke a ngola ka ditlhaku tse sekameng, ho ka elellisa mmadi hore ke mantswe a siyo sesothong. Mantswe a na a hlaha hobane pale e na e tsepamesitse maikutlo ho batjha, Mmapadi wa yona ya ka sehloohong ke motjha. E leng "Tseko"

Pono ya 1

Lekeeshene ke le leholo la Thabong, haufi le toropo ya Welkom porofenseng ya Foreisitata. Ke labohlano la mafelo a beke, Kgwedi ke ya tshitwe selemong. E hlola matsatsi a leshome le metso e tsheletseng. Hora ke ya bo robong hoseng, Mmatseko o ntse a hlatswa diphahlo kantle pela monyako wa ntlu ya hae.

Mmatseko: Tseko" Tseko wee"

Tseko: Mme"

Mmatseko: Tlo mona ngwanaka o tlo nthusa ho pudisa diphahlo, Ha ke ntse ke hlatswa tse ding. Ke batla re hle re di anehe nako e sa le teng, Pula ena ha e tshepahale, E ka nna ya tsholoha neng kapa neng.

Tseko: Ooh" ke nna eo ke ya tla mme. { *Ka mora metsotswana, A tswa ka tlung ho ya thusa mmae ho pudisa diphahlo le ho di aneha. A sa pudisa tseo Mmae a qetang ho di hlatswa}*

Mmatseko: Tseko ngwanaka selemong sena o sebeditse hantle ka mokgwa o makatsang

Dithutong tsa hao, Haholo hlahlobong ya hao ya makgaolakgang.

Le ntatao Patrick o tlo ba motlotlo haholo ka wena, Ebile ke se ke mo founetse

hore a tle a o reketse founu yane eo o itseng wa e batla. Hana o re e bitswang?

Tseko: E bitswa *smart-phone* mme. { *Tseko o araba mmae* }

Mmatseko: Ee, Ke utlwetse ka yona, Hothwe e ja makgolo a supileng a diranta.

Tseko: Ho jwalo mme, Empa ke ya o tshepisa hore o ke se lwanele tjhelete ha o qeta ho e

reka. Hobane founu eo re buwang ka yona, Ke founu e phahameng haholo ka mokgwa o makatsang. Ebile e tshwere dintho tse ngata tse akarelletsa *facebook,*

twitter le whatsapp.

Mmatseko: { *O tshehela hodimo}* Hee" modimo, Tseko ke eng yona ntho eo? *"whatsapp"*

Tseko: O se ke wa kgathatseha mme, Ke tlo o bontsha hore e sebediswa jwang ha

ntate a fihla. Ebile ke tlo o nka ditshwantsho, Ke di kenye ho yona.

Mmatseko: Ae"Ae" Tseko, Ditshwantsho tsa ka di tla be di batlang nthong eo ya hao,

Ebile ha re kgaotse ho buwa ka dintho tseo tsa hao.

Tseko: { *O buwa ka pososelo* } Ao" mme, Ha o batle hore Aforika-Borwa e kaofela e o

tsebe? E tsebe hore o mme Mmatseko mohatsa ntate Patrick Mosala.

Mmatseko: { *O tshehela hodimo* } Hee" ngwana o leshano enwa wa Patrick, Tlowa mona o

buiswa ke hobane o batla re o rekele yona founu eo ya hao.

Tseko: { *Wa tsheha* } Ao" mme, Ke e hloka e le ka nnete. Ke se ke hodile, Lemong se tlang

ke tla be ke le sehlopheng sa leshome le motso o le mong. Ka nnete ke lokela

Hore le nna ke bonahale, E se ke ya re ha bana ba bang ba ntsha difounu tsa bona

Nna ke be ke hadikanya mahlo. Nka fetoha setshehisa sekolong.

Mmatseko: Patrick o itse o tla tla ka yona pele ho Keresemese, Ha a tla phomolong bekeng

e tlang. Ebile ke utlwile a re mane moo a leng teng difounu di fumaneha ka

boleng bo tlase haholo. { *Mmatseko a sa buwa, hwa hlaha Lehlohonolo. Ke*

motswalle wa Tseko, ebile Tseko o atisa ho mmitsa Hloks. E le ho kgutsufatsa lebitso la hae, Kapa hona ho mo reneketsa. Hloks o hlaha a letsa molodi,

Borikgwe bo matha tlasa dibono. Mmarase wa borikgwe o matha mangoleng.

Katiba o e swaile o e beile ka hodima tsebe}

Hloks: Dumela mme Mmatseko

Mmatseko: Dumela ngwanaka

Hloks: Tsekzene monna o sa le maphathe-phathe? Ke ne ke batla re ilo shapa *round* mane ha

Sekekete shopong.

Tseko: *Eish"* monna heso ke sa le maphathe-phathe ke thusa mme ho aneha diphahlo, O ka

nna wa hla wa iqeka ke tla o thola pele.

Hloks: Ho lukile *ntwana*, O tla mphumana pele.{ *Hloks o tjho jwalo a tswa ka heke, Mahlo o*

a lahletse mane lebenkeleng ha Sekekete. Ya ba Mmatseko o mo shebile ho fihlella a

ba a potela, Ho tloha moo a ba tsitsinya hlooho}

Mmatseko: Tseko ngwana eo, Ha se ngwana yane wa Mmalehlohonolo eo ke utlwileng

hothwe o tlohetse sekolo? Ebile o sele ha a hlomphe mmae le ntatae, O kena a

tauwe qho" ha e le mafelo a beke.

Tseko: Tjhee mme, Tseo ditaba nna di ntjha tsebeng tsaka, Empa ntho eo ke e tsebang ke

hore Hloks ha a sa ya sekolong. Le hore Hloks ke ngwana mme Mmalehlohonolo le

le ntate Nakedi.

Mmatseko: { *O kgotsetsa hodimo ke ho makala* } Modimo" ke tjholo hore ke ena ngwana

yane wa Mmalehlohonolo, Ke bona le metsamao ya hae ke ya ngwana ya seleng.

Tseko: Ao mme! ha o re o mmone ka motsamao wa hae o bolelang?

Mmatseko: E le hore wena ha o mmone Hloks eo wa hao o tsamaya jwang? Ha a tsamaya

ka lekeke eka hona le ntho eo a e kentseng thekeng. Le borikgwe ba hae bo

matha kwana tlasa dibono, Ho setse feela hore a tsamaye a tsotse.

Tseko: { *Wa tsheha* } Ao" Mme! Nna ke utlwile eka Hloks o ile a thulwa ke koloi, Ke tjena

a tsamayang a sekame.

Mmatseko: { *O kgotsetsa hodimo, Ebile o opa diatla* } Hee" basadi, Ngwana a tla a nketsa

sefofu ke ntse ke bona. Ngwanana towe o bona eka ke tseketseke ha o ntjheba?

{ *Mmatseko o qala a halefa* } Jwale koloi eo e mo holofaditse matsoho hore a se

ke a tseba le ho beha borikgwe thekeng?

Tseko: Tjhee, Mme ha ke tjho jwalo ke ne ke... { *Mmatseko o mo kena hanong* }

Mmatseko: Jwale o batla ho reng Tseko? O batla hore dintho tsena kaofela tseo ke

Utlwileng hothwe motswalle eo wa hao wa di etsa ke leshano?

Tseko: { *O se a tshohile, Hobane o bona mmae a se fetohile ka mahlong* } Tjhee, Mme. Ke

nnete Hloks o tlohetse sekolo, Empa ke tshepa a na le lebaka la hore hobaneng a se

tlohetse.

Mmatseko: { *O se a sa hlatswe, O eme o itshwere thekeng* } Lebaka la mofuta ofe Tseko?

Hobane motswalle eo wa hao ke ngwana jwalo ka wena, Sa hae ke hore a je a

a hlape a ye sekolong. Ha hona lebaka le leng le fetang leno. Hona jwale wena le teng lebaka le ka etsang hore o se ke wa ya sekolong?

Tseko: { *O leka ho baleha dipotso tsa mmae* } Mme ke se ke qetile, Ke kopa ho ya hahlwa

ke moya ha nyane. Ke sa ya mane lebenkeleng ha ntate Sekekete.

Mmatseko: { *Mmatseko o buwa a se a theotse moya* } O ka nna wa tsamaya ngwanaka,

Mosebetsi re se re o entse boholo. Le nna ke batla ho paqama ha nyane ha ke

qeta mona. Nke ke phomole ha nyane, Mmele ona wa ka o bohloko. Ntshwarise,

{ *Ba kukisana bate e tletseng metsi ba a qhalla mohlweng o ka pela lebala* }

Tseko: Ke tla o bona ha mmamorao mme, Nna ke se ke ile. { *Tseko o tswa ka heke ho ya*

mane lebenkeleng ha Sekekete, Ha a fihla a fumana Hloks a eme le lequjwana la

bashanyana, Le banana. Ba bontsha e le batho ba tauweng kapa hona ho

tsuba dithethefatsi. }

Hloks: { *O buela hodimo* } Hee" banna! Bonang ho hlaha mang, Mama's *baby himself.*

Hee" monna, Kgale re o emetse. Ebile re qetile dibiri le zolo. Hae" e ne e tlo o

etsa hore o tlohelle ho tshaba banana, Empa ke tshwere lefoforo la ho qetela

{ *Hloks o ntsha sephuthelwana sa matekwane pakothong ya borikgwe* }

Tseko: Tjhee" Monna, Nna ha ke tsubi matekwane. Mme a ka mpolaya ha a ka mpona ke

tsuba matekwane.

Hloks: { *Wa tsheha*} Hee" banna, Le ya mo utlwa *mama's baby* o qadile hape. Eish" mona re na le ho tsamaya le ditseke-tseke tsa batho. Monna ke re ke o kenya bathong o

tle o fumane kgarebe, Wena o ntahlella matsoho. Kapa o tshaba banana monna?

Tseko: Tjhee monna heso, Le wena wa tseba hore ke bohale jwalo ka lehare la minora. Ha

hona ngwanana a ka nhanang motseng mona.

Hloks: Ao Tsekzen" ke o tseba o le jwalo monna, Le wena o le *skhothane* la blokong. Ha

hona bashanyana ba ka emang ka pela hao *ntwana*. Tshwara mona ke ntshe *zolo* re

tsube, Wena o tla tsubela mane khoneng ya lebenkele hore batho ba se ke ba o bona

Tseko: Monna ho lukile, empa nna ha ke na tsuba haholo. Ke tlo otla mesi e mmedi e

Meraro. { *Tseko o tshwarela Hloks founu hore a tlame matekwane*}

Hloks: { *O tapa-tapa fatshe ka maoto* } Ola Tsekzen, Mona ke tshwere kgomo ya fatshe e le

Ka nnete. A ko bone banana bao ba mono mahlo a bona a matle jwang ke yona.

Tseko: { *O tshehetsa se buuwang ke Hloks* } Ba ya baba monna heso, A ko bone *yellow-bone*

eo e emeng moo. Eish" e kare ha ke na bo pata boroko tsatsing lee..

Hloks: { *O mo kena hanong*} Wa mmona ke *yellow-bone* ya nnete, Ha o mmatla o tla lokela

hore o titimele ho C.L.B { *Cruel and Lovable Boys* } Empa ha e be o batla ho kena

Tsekzen, o se ke wa tshwenyeha. Ke nna *Commandor*, Wena ha o qeta ho kena ke

tlo o etsa *warrant-officer.* Ke tla be ke tla ho wena, Ke re Tsekzen tshwara ngwana ke eo o mo kwalle. Ha e be o phoso kgahlanong le maikutlo a hao.{ *Hloks ha qeta*

ho bua o ntsha leruhadi la musi}

Tseko: Monna Hloks e ka ba nako e se e reng moo? Mme o tlameha a ntse a ipotsa hore

ke kae.

Hloks: Ao monna! O potlaketse kae? Wena o tatetse ho ya shebana le mme wa hao ka

mahlong. Monna ha ko tlohelle ho iketsa tseke-tseke, Hona jwale o le C.L.B, o lokela

o hle o mo tlwaetse ho robala a sa o bona. Hobane ha re kgaola selemo, Re

tantsha bosiu kaofela. Ha hona ya robalang habo. Ntho eno re e bitsa *lalavoka,* Empa

o se ke wa kgathatseha ke tlo o kenya bathong.

Tseko: { *O tadima letsatsi*} Eish" Monna re tla nne re buwe, E re ke hlahe lapeng mane

kapelenyana. Ke tla kgutla hape. { *Tseko o bua jwalo a ntse a tsamaya. Ke eo a*

topa tseleng, Ho fihlella a kena habo. Ke eo a kokota }

Tseko: Ko"ko"

Mmatseko: Kena" { *Hang ha Tseko a hlahisa hlooho, Mmatseko a moja ka bohale*} Wena

ngwana towe, Ke mang a o fileng molao wa hore haka mo ho kenwa ka nako

ee?

Tseko: Ke kopa tshwarelo hle mme, Re ne re shebile difilimi jwale di nkile nako hore di fele.

Mmatseko: Ngwana towe ako tlohelle ho nthetsa, Makrete o re o le bone mane ka mora

lebenkele la Sekekete, O na le ngwana yane wa Mmalehlohonolo.

Tseko: Tjhee mme, Mme Makrete mohlomong o ne a ntshwantsha. Nna o ne a sa bone nna.

Mmatseko: Wa tseba matsatsi a, O se o fetohile ngwana towe. Ha o sa tshaba le ho njwetsa

leshano. Makrete o njwetsitse hore le wena o se o le e mong wa lequjwana la

bana ba tsubang dithethefatsi ka mora lebenkele la ne la Sekekete.

Tseko: { *O bua le mmae a phahamesitse matshwafo* } Utlwa feela, Mme Makrete o buiswa

Ke mona hobane ngwana hae ha se motswalle wa rona.

Mmatseko: Jwale ngwana towe o batla hore Makrete o mpolella leshano?

Tseko: Tjhee mme ha ke tjho jwalo, Empa ho ya itshwanela o ntse o tlo dumela

ditaba tsa mme Makrete. Nna ke ilo robala { *Tseko o buwa jwalo o kena ka hara*

Phaposi ya hae ya ho robala}

Mmatseko: { *Wa omana* } Tseko" Tseko" Ngwana towe ke ntse ke buwa le wena. { *Tseko o*

Kgahlela monyako, O inotlella ka hare }

Mmatseko: Hee basadi! { *Mmatseko o opa diatla wa tsota*} E kaba ho etsahetseng ka

mora wa ka? Tseko ha se tsela eo ke mo hudisitseng ka yona ena, O etsang ha

e ka o batla ho ntlala matsoho tjee.

Pono ya 2

Letsatsi ke la moqebelo, Hora ke ya bosupa hoseng. Tseko ke hona a tsohang, O ya a lebile ketjhining ho ya iketsetsa dijo tsa hoseng . O fumana mmae a hlatswa dijana.

Tseko: Dumela mme.

Mmatseko: Dumela ngwanaka, O robetse jwang?

Tseko: Ke robetse hantle mme, Wena e kaba o robetse jwang?

Mmatseko: Ngwanaka ke tena ke botsa tjena, Nna ha ka bo hlotha hohang boroko. Ka lebaka

la ntho o e entseng maobane ka shwalane ha o fihla mona. Ha wa ja le ho ja.

Ha ke tsebe hore o jeleng moo o tswang teng, Dijo tsa hao ke tseo ka mono ka

hara *micro-oven.*

Tseko: Maobane ke ne ke sa ikutlwe hantle, Ke ka hoo ke ileng ka robala ke sa ja.

Mmatseko: { *O hula setulo o dula fatshe* } Tseko ngwanaka tloyo o tlo dula pela ka mona.

{ *Tseko ke eo wa atamela, Le ena o hula setulo o dula pela mmae*}

Mmatseko: Wa tseba ngwanaka, Ke tshwenyehile haholo ka wena matsatsi a na.

Tseko: Hao" mme! O tshwenywa ke eng?

Mmatseko: Wa tseba ha e sa le o tsamaya le ngwana yane wa Mmalehlohonolo o fetohile

Haholo ngwanaka.

Tseko: Ha o re ke fetohile, O bolela ho fetoha ho fe mme?

Mmatseko: Tseko ke mmao ngwanaka, Ha ho motho e mong a o tsebang ho feta nna.

Ha e le matsatsi a na teng, O se o tswile motjheng. O kena haka mona busiu

Mahlo a le makgubedu. Ebile o se o ntihisetsa lentswe ha ke bua le wena.

Hantle-ntle molato ke eng ngwana towe?

Tseko: Ha hona molato mme ke hantle { *Tseko o ema kapelenyana setulong* } Mme e kare

Ho na le motho a ntseng a letsa molodi ka ntle, E re ke hlahele ke bone hore ke

Mang. { *Tseko ha a hlaha monyako, O fumana e le Hloks* }

Hloks: *Ola* Tsekzen a tamela mona monna heso o tlo bona.

Tseko: Monna ke a tla hona jwale {*Tseko o kgutlela ka tlung, o rwala dieta* }

Mmatseko: Tseko ha re so qete ho bua, Ha e ka o se o tswa o ya ho ngwana yane e

ntseng ke o kgalemella ena tje!

Tseko: Mme re tla bua ha ke kgutla, A ko re ke buwe le Hloks kapelenyana.{ *Tseko o tswa*

a potlakile o ya ho Hloks }

Hloks: Monna ke eng o nkile nako tje hore o hlahe?

Tseko: Eish! Monna wa tseba hore mme o jwang, O bua nthwena le nthwane. Le nna ke

Be ke qetelle ke eme hlooho, Ke sa tsebe hore nka etsang.

Hloks: Ao! *Mama's baby.* Monna bona ke tshwereng. { *Hloks o kenya letsoho pakothong, O*

Ntsha difounu tse pedi }

Tseko: Aaa! Hee monna, Difounu tsa boleng bo phahameng tje o dinka kae?

Hloks: Ke o jwetsitse monna, Hore ha o tshwere nna o tshwere tshepe e thata, Motjhini o

itobetsang. Bona feela, Ke tjhelete nthwena sefofu.

Tseko: Jwale monna o tlo etsang ka tsona?

Hloks: Monna re tlo di mathisa, Ke se ke fumane motho a tlo direka. Ebile o itse ke ye ho ena hona jwale. { *Hloks o hula Tseko ka letsoho, Ba kena tseleng* }

Tseko: Jwale monna motho eo, O tlo di reka di le pedi. Kapa o tlo reka e le nngwe?

Hloks: O tlo reka e le nngwe, Empa le ena e nngwe re tlo e rekisa. O se ke wa tshwenyeha

monna re fumane motho a tlo e reka.

Tseko: E kaba o tlo di rekisa bokae? Hobane difounu tsena di shebahala e le tsa boleng bo

Phahameng.

Hloks: { *O hlahisa e le nngwe* } Ha o sheba e e kaba bo kae lebenkeleng?

Tseko: { *O nka founu ho Hloks wa e lekola* } Ena monna eja sekete sa diranta, Ebile ke itse

ntate a ntlele yona kwana Gauteng.

Hloks: Haeba ho jwalo monna, Ena re tla e rekisa makgolo a mahlano, Ha a lla re theohela

ho a mane. Jwale mono re qetile ha re sa theoha hohang. He monna! Bona re batlile

re feta. Ke hona mona.

Tseko: { *O maketse* } Ha eka ke ha bo Disebo mona mo re kenang teng tje!

Hloks: Hee monna thola batla re utlwa. { *Hloks le Tseko ba ingwaha dihlooho pele ba ka*

Kokota } Ko" Ko"

Mmadisebo: Kena"

Hloks le Tseko: Dumela mme

Mmadisebo: Dumelang bana baka, E kaba molato keng?

Hloks: Tjhee, Ha ho molato mme, Disebo o itse re tle re tlo o bontsha founu.

Mmadisebo: Ooh" Ke lona batho ba rekisang founu?

Hloks: Eya mme, ke rona.

Mmadisebo: E hlahiseng ke e bone hee bashanyana baka.

Hloks: { *O kenya letsoho pakothong o ntsha founu* } Ke ena mme.

Mmadisebo: { *Wa enka wa e lekola*} Modimo! Founu e ntle ka mokgwa oo le enka kae bana

ting?

Hloks: { *O ingwaha hlooho* } Aaa, Hantlentle founu ena mme ke ya Tseko, Ha a sa e rata.

ntate wa hae o itse o tlo mo tlela founu e nngwe, Ha a tla ho tswa kwana Gauteng.

Mmadisebo: Ho jwalo wena moshanyana? { *Mmadisebo o botsa Tseko* }

Hloks: Tsekzen a ko buwe hle monna. { *O kgwatha Tseko dikgopong* }

Tseko: Ee, Ho jwalo mme.

Mmadisebo: Jwale o re ke bokae founu ena ya hao?

Hloks: Makgolo a mahlano feela mme, Tsekzen o e rekile ka sekete sa diranta. Jwale o

ipatlela bonyane bono feela.

Mmadisebo: { *O halefela Hloks* } Ako thole wena ngwana towe, Founu ena ha se ya hao le

hoba ya hao.

Hloks: Tsekzen bua, Nna ka itholela hee.

Tseko: Eya mme ho jwalo, Ke makgolo a mahlano. Ke ne ke se ke jwetsitse Hloks hore a tle

a mpatlele motho ya tla e reka.

Mmadisebo: { *O iphopholetsa ka matsweleng* } Tshwara mona ngwanaka, Ke makgolo a

mararo. A mabedi o tla a fumana bekeng e tlang ha ke amohela kwana mosebetsing.

Tseko: { *O nka tjhelete ho Mmadisebo* } Kea leboha mme.

Mmadisebo: Ke reka founu ena hobane e rekiswa ke wena ngwanaka, Ha e le enwa eo o

tsamayang le ena ha ke mo tshepe hohang.

Hloks: Ao, Mme Mmadisebo! Le nna ke ngwana ya lokileng, O ka nna wa botsa Tsekzen,

nna le ena re metswalle ya hlooho ya kgomo.

Tseko: Re se re lebohile mme. { *O bua jwalo o tswa monyako* }

Mmadisebo: O tsamaye hantle ngwanaka, O mo shebe eo wa mmarase o mathang

mangoleng a se ke a o qhekella.

Hloks: O sale hantle mme Mmadisebo, Re tla o bona bekeng e tlang. Ha o amohetse

mosebetsing, Hana o re ke labokae?

Mmadisebo: { *O mo ja ka bohale* } Ako tlowe mona wena ngwana towe, Ha ke tsebe hore o

ngwana ya jwang ya hlokang boitshwaro tjena.

Hloks: { *O tswa a matha ho ya ho Tseko* } sala hantle mme.

Tseko: { *Tseko o buwa ka moya o tlase* } Wena monna Hloks, Ha mme Mmadisebo a ka

jwetsa mme hore ke mo rekeseditse founu re tlo etsa jwang?

Hloks: O se ke wa kgathatseha ka taba eo monna heso, Ntho ya bohlokwa ke hore re

tshwere tjhelete. Re ka reka ntho e nngwe le e nngwe eo re batlang ho e reka, Le

bekeng e tlang re tla be re tshwere bonyane.

Tseko: Ntho e nkgathatsang ke hore mme o tlo kopana le mme Mmadisebo hosasa kwana

Kerekeng.

Hloks: Eish" Monna ke itse o tlohelle ho ikgathatsa ka taba e no. Tlisa tjhelete eo re kene

mane sepotong, Re otle tse pedi re kgone ho nahanisa taba ena hatle.

Tseko: { *O ntsha tjhelete pakothong o e neha Hloks* } Monna o na le bo-nnete ba hore jwala

Bo tla re thusa ho nahana?

Hloks: Monna tlohella ho buwa haholo, Ha re hle re kene mona ha ntate Sechaba. { *Ba kena*

Sepotong ha Sechaba, Hloks o kena ka tlung. Ha a tswa o tswa a se a tshwere

dibotlolo tse pedi tsa jwala, O ya a libile sefateng se ka pela ntlu } Theola moya

monna heso, Ha hona motho a o tsebang mona le wena wa iponela.

Tseko: Monna ha ka tlwaela honwa jwala batho ba baholo ba ntjhebile, Ha re potele ka

mora ntlu. { *Ke bao ba ema ba nka ditulo ba potela ka mora ntlu* }

Hloks: Ao Tsekzen" Monna ha ke tshwere wena, Ke tshwere ntho e thatha, *Skhokho.* O bone

mme Mmadisebo ha a re sukudisa hohang, O ntshitse tjhelete ka ho panya hwa

leihlo hobane wa o tseba. Ho no ho bolela hore ke hona re tlo etsa tjhelete mmoho

monna heso. Tjhelete e seng ntho ya ho bapala. Kena ka mona monna heso { *Ke bao*

Ba thulanya ditebele } Nna le wena monna re metswalle ya hlooho ya kgomo. { *Ha a*

Bua jwalo o nka biri wa nwa, Ha a qeta o e fetisetsa ho Tseko } Wa bona nna le

Wena monna re tjena { *O bapisa menwana* } Re monwana le lenala, Ha hona motho

a ka re arohanyang.

Tseko: Ha re nwe ka pelenyana, Ke batla ho ya hlaha lapeng mane.

Hloks: Ao monna! O ya heno jwang re tshwere tjhelete? Ke ne ke nahana hore ha re tloha

Mona re tla mathela mane *storong* re ilo reka *zolo* ho tloha moo re be re itulela ha

Sekekete.

Tseko: Monna ha e sa le ke tswa ntlung hoseng ke sa bua hore ke ya kae, Ebile letsatsi
Ke lena le ya matubatsana. Mme o tlameha a kgathatsehile moo a leng teng.

Hloks: Wena monna ke na le ho lebala ha ke tsamaya le wena, Hore ke tsamaya le *mama's*
Baby. { *O bua jwalo o kenya letsoho pakothong* } Tshwara lekgolo ke lena. O kanna
Wa fumana ke e qetile.

Tseko: { *Wa enka* } Re tla bonana monna heso.

Hloks: Nna monna ke ntja ya makgaba, Tsatsing lena ke shapa *lalavoka.* Ho na le ngwana eo
Ke tla be ke motshwere.

Tseko: { *Wa thinya o sheba Hloks* } Ho kae monna ke tsamaye le wena?

Hloks: O tla tsamaya jwang le nna o sa tsamaye bosiu?

Tseko: Monna se ka kgathatseha ka taba eo, Ke ilo bua le mme ke a tla hona jwale.

{ *Tseko o bua jwalo o kena tseleng e yang habo , Ha a fihla o fumana mmae a dutse*
kantle pela monyako}

Tseko: Ao mme! Hobaneng o dutse kantle o le mong tjee?

Mmatseko: O batla ke etseng Tseko? Ke dule ka hara ntlu, Wa ka ngwana a le kantle ka
mane. A ntse a sasanka le bana ba tsubang. Tseko hantle-ntle o tswa kae?

Tseko: Eish, Mme ke pale e nngwe e telele. Empa ke tla o jwetsa ka hosane.{ *Tseko o buwa*
Jwalo o fetela ka motsheo, O bula oven o ntsha dijo o dula fatshe. Mmatseko le ena o

hula setulo o dula pela Tseko }

Mmatseko: Tseko ke jwala ntho e nkgang ho wena, Kapa dinko tsa ka ke tsona tse nang le

bothata?

Tseko: { *O ema ka pelenyana o ikgisa metsi ka lebekere* } Ao! Mme, Jwala! Nna ha ke tsebe

le hore bo latsweha jwang.

Mmatseko: Haeba o bua jwalo hee, Atamela mona re tlo bua.

Tseko: { *O ntse a pota-pota, O tshaba ho atamela pela mmae* } Ke sa ya ntlwaneng ke ya tla

mme. { *Tseko o kena ka ntlwaneng, O fihla a momona sesepa sa meno. Ha a qeta*

ke hona a ikutlwang ho atamela pela mmae }

Mmatseko: Tseko o nahana hore ke sethotho wena ngwana towe? O tswa ja sesepa sa

meno, Ha o qeta o tla o tsheresela ho nna mona.

Tseko: Tjhee mme, Ke tswa ntsha metsi.

Mmatseko: Jwale sesepa seo sa meno se nkgang ho wena mono, Ho etsahalang ka sona?

Ngwanaka, Ke na le dilemo-lemo ke dula le ntatao a nwa jwala. Jwale wena o

Batla ho njwetsa hore ha ke tsebe monkgo wa jwala?

Tseko: Tjhee mme, Ha ke tjho jwalo...{ *Mmatseko o mo kena hanong* }

Mmatseko: Jwale mpolelle hee, Hore ke mang ya o nwesitse jwala Tseko { *Mmatseko o se a*

Halefile }

Tseko: Ha hona motho ya nnwesitseng jwala mme. { *Tseko o bua jwalo, O ya ka phaposing*

ya hae ya ho robala. O tiisitse hlooho ha tsotelle sello sa mmae sa jwala }

Mmatseko: { *Wa omana* } Hela" wena ngwana towe, Ha o so nkarabe hore ke mang a o nwesitseng jwala.

Tseko: { *O bua a phahamesitse lentswe ka hara phaposi* } Ke o arabile mme, Jwale o batla

karabo ya mofuta ofe? { *Ha a qeta o kgahlela lemati wa le notlela* }

Mmatseko: Wa tseba Tseko, O se o tswile tseleng. Ebile hosasa hoseng ke batla ho founela

ntatao Patrick, Ke mo jwetse ka dintho tseo o ntseng o di etsa. Ke bona eka

moleko wane wa ngwana o sa o kentse botaweng, O se o tawa le wena.

{ *Mmatseko o bua jwalo a ntse a raba-raba ka hara ntlu, O halefile ebile tuku*

E swaile hloohong} Hee" ngwana a tla a ntshwabisa ke mo tshepile. Modimo!

{ *O opa diatla, Ho tloha moo a kena phaposing ya hae ya ho robala* }

Pono ya 3

Letsatsi ke le leholo, Letsatsi la sontaha. Lena ke letsatsi la kereke, Mmatseko o tsohile e sa le ka matjeke o lukisa di ntho tsa hae tsa kereke. O phehile ka mona o ntse a otlolla seaparo sa hae sa kereke. Sefela o bina se haulang, O se otlela tlase jwalo ka motho ya hlomohileng. Ebile sefela se na sa "Kena le modisa" Ke sefela seo a ratang ho se bina ha a le mahlomoleng. A sa bina jwalo, A utlwa ho na le motho ya kokotang.

Mmatseko: Ke ya tla bo" { *O bua jwalo o ya monyako ho ya bula, Ha a bula monyako o*

fumana e le monna wa lepolesa }

Detective: Dumela mme, O ka mpitsa *Detective* Lebina.

Mmatseko: { *Ka ho tshoha* } Dumela *detective*! Nka o thusa ka eng mohlomphehi?

Detective: E kaba ke hona habo Tseko mo?

Mmatseko: { *O itshwara hlooho* } Jonna! E kaba ngwana eo o se a entseng. Eya ho jwalo, Ke

Hona habo mona.

Detective: O teng mme? Ke ne ke batla ho mo hlaba ka dipotso tse mmalwa.

Mmatseko: O teng ka phaposing ya hae ya ho robala, E kaba o mathateng *Detective*?

Detective: Tjhee mme, Ha jwale nke se tjho letho. Ditaba re se re tla di utlwa ho tswa ho

Mohlankana eno, Aa ko mmitse a atamele mona.

Mmatseko: Kena ka tlung ntate o se ke wa ema monyako, Setulo ke seo mono. { *Ha a qeta*

o hoeletsa Tseko } Tseko" Tseko" Ngwana towe tsowa o tle mona *Detective*

Lebina o batla ho bua le wena. Tseko"

Tseko: { *Ke hona a arabelang* } Mme" { *O hlaha a ntse a apara sekipa hantle*}

Detective: Monna e kaba wa mo tseba Lehlohonolo? Ke utlwa hothwe le atisa ho mmitsa

Hloks.

Tseko: Eya ntate, Ke ya mo tseba.

Detective: Monna le tsebana jwang le Hloks? Le metswalle kapa le tsebana feela ka ho

bonana mmileng?

Tseko: Hloks ke motswalle wa ka, Re sa tswa ba batswalle haufinyana.

Detective: E ka ba o qetetse neng ho bona Hloks?

Tseko: Ke qetetse ho mmona maobane mantsibuya, Hora e ne e ka ba ya bone hoisa ho ya

bohlano.

Detective: Monna tseba hee, Hore motho eo ke ntse ke mmatla, Ho utlwahala ha nketse

batho difounu ka mahahapa a tshwere mokgekgephahadi wa thipa. Mme dintho

tsena Kaofela di etsahetse labohlano bosiu mane lebenkeleng la monna-moholo

Sekekete. Monna e kaba le wena o suntse letsoho manyofo-nyofong ao?

Tseko: Tjhee mohlomphehi, Tsena ditaba dintjha tsebeng tsa ka. Le mme a ka mpakela, Ke

ile ka potlakela ho oroha mohla letsatsi leno.

Detective: Jwale monna, Maobane ha ona le Hloks ho ne ho se ntho e belaetsang ka ena?

Kapa hona ho bona difounu tseo?

Tseko: { *O imamela metsotswana* } Tjhee mohlomphehi, Ha ka bona letho le belaetsang.

Detective: { *O sheba Tseko dipakeng tsa mahlo* } Monna o bua nnete ha wa bona letho,

Kapa ho na le ntho eo o mpatelang yona?

Tseko: Eya ntate, Ha hona ntho eo ke o patelang yona.

Detective: Monna ha o ka mmona kapa wa utlwela ka ena, O ntshware ka mohala. { *Detective*

Lebina o ntsha sekgephetjhana sa pampiri e ngotsweng dinomoro tsa hae tsa

Mohala o di neha Tseko }

Tseko: Ke tla etsa jwalo ntate.

Detective: { *O tswa monyako* } Le se le tla sala hantle hee mme.

Mmatseko: E seka le ka mo fumana senokwane seo sa ngwana. { *O bua jwalo o kwala*

monyako } Tseko ke manyofo-nyofo a eng a etsahalang haka mo?

Tseko: Nna jwale ha ke tsebe hore o buwa ka eng mme!

Mmatseko: Se ka re ho o tsebe ngwana towe, Mapolesa a tena a kena haka mona ka

lebaka la motswalle yane wa hao, Eo ke dulang ke o kgalemella ena.

Tseko: Ao mme! *Detective* o ne a tletse ho tla mpotsa dipotso tse mmalwa ka Hloks, Ha

Ke bone ho na le ntho e phoso.

Mmatseko: { *O halefile* } Tseko nna ha ke tsebe hore o batla ke buwe le wena jwang,

Maobane mona o hanne ho njwetsa hore ke mang a o reketseng jwala.

tsatsing lena ho hlaha taba ya hore Hloks eo wa hao o tshwere batho poho, O

nahana taba eo e nnahanisa jwang?

Tseko: Jwale mme taba ya jwala e kena kae moo? Hobane dintho tsena kaofela di etsahetse labohlano. Dietsahala jwalo nna ke le siyo...{ *Le pele Tseko a ka qeta ho bua,*

Mmatseko o bona koloi tse pedi tsa mapolesa di ema ka pela lebala. O tswa

Monyako a potlakile ho ya kantle, Ebile o buwa a le mong } Jwale *detective* E kaba

O lebetse ho botsa ka eng? Ha eka ebile o se a tlile le mapolesa a mang tjee!

Detective: { *O theoha koloi le emong wa mapolesa a tlileng mono ha Mmatseko* } Dumela

hape mme.

Mmatseko: Ao *Detective* o qeta ho tloha hona jwale, E be o lebetseng jwale?

Detective: Tjhee mme, Ha ka lebala letho. Ke ne ke tlo o tsebisa hore Hloks re qeta ho mo

qhautsa, Hona mane pela lebenkele la Sekekete. Empa ha se seo feela se re

tlesitseng mona. { *Ba sa bua ho kena Mmadisebo, Mapolesa a mo kentse hare* }

E kaba wa mo tseba mme enwa eo re tsamayang le ena?

Mmatseko: Eya ntate, Ke ya motseba. Ke Mmadisebo re kena kereke le ena mane Roma.

E kaba ena jwale o tlesitswe mona lapeng ke eng?

Mmadisebo: Mmatseko mosadi, Ngwana hao o mphoqile ke mo tshepile. { *Mmadisebo o*

tadimme Tseko ka mahlo a mafubedu } Wena ngwana towe, Hobaneng o nkenya

ka hara manyofo-nyofo a a lona? { *Tseko o iname o thotse jwalo ka monga*

dikolobe, Dikolobe tsa hae di tswa senyetsa batho } Modimo" bana ba tla ba

nteka tumelo e le sontaha.

Mmatseko: { *Ka ho makala* } O re ho etsahalang Mmadisebo?

Detective: { *O kena mahareng* } Mme, Ho etsahetse hore ha re qeta ho qhautsa Hloks re

mofata dipotso, A se senye nako a hla a tswa ka taba hore o ne a se mong

tabeng ya difounu. E re ke tlohelle ho potoloha sehlahla, Ke hle ke tobe tabeng.

Ho utlwahala ho nketswe batho ba babedi difounu bosiung ba letsatsi la

labohlano, Lehlatsipa la bobedi ke ngwanana ya dilemo di leshome le metso e

mehlano. Mme bashemane bano ba ile ba mo hena-hena ka mora hore ba nke

founu ya hae.

Mmatseko: Ke taba tse bohloko tseo e le ka nnete *Detective*, Jwale ngwanana eo o re wa

ba tseba beng ba ketso tse soto tseo?

Detective: Tjhee mme, O re ha ba mofa monyetla hohang hore a ba bone. E bi le ntho tsa

lepotla-potla fifing la bosiu.

Mmatseko: Jwale Mmadisebo o bewa keng mo?

Detective: Mme Mmadisebo o fumanwe ka founu ya ngwanana eno ya hlekefeditsweng ka

Motabo. Mme o hlalositse ha mora hao e le ena a mo rekiseditseng yona.

Mmatseko: { *O ferekane* } Jonna" Ngwana enwa e kaba diketso tse mpe ka mokgwa ona o

di rutuwe ke mang! Tseko e ka ba tse kaofela tse ke di utlwang ke nnete?

Tseko: { *O hadikanya mahlo, O sheba kwana le kwana* } Ke nnete hore re rekiseditse mme

Mmadisebo founu, Empa e ne e sa tswe ho nna. E tlile le Hloks a ba nkopa hore ke

mo felehetse ho ya e rekisa.

Mmadisebo: Tsena dintjha tsebeng tsa ka, Ngwana towe o itse founu ena ke ya hao. Ha o

sa e rata, Ebile ntatao o itse o tla o tlela ka e nngwe ha a tla.

Mmatseko: { *O halefile* } Tseko ke tsela eo ke o hodisitseng ka yona ee? Ya hore o thetse

batho ba baholo le ho ba qhekella ka dintho tsa boshodu.

Detective: Mme taba ena ha e le tjena e nqosa hore ke nke moshanyana enwa ho ya mo

hloma dipotso, Ho tloha moo ke tla mo kwalla le eo motswallae ha e ba ke ba

bona ba le molato nthong tsena tse pedi, Peto le ho nkela motho founu ka

mahahapa. O tla lokela hore o hle o rapele ka thata hore ditaba di se ke tsa

fihla mono. { *Detective o bua jwalo o laela lepolesa le tsamayang le ena ho ka*

tlama Tseko, A mo kenye ka koloing } Ha re ye monna, Motswalle wa hao Hloks

o o emetse ka mane ka koloing. { *O hula Tseko ho ya koloing* }

Tseko: { *O tlebidia a ntse a ya pele* } Ha se nna ya mo bitileng *detective*, Ha se nna ya

nkileng founu. {*Tseko o bua jwalo o hulanya maoto, Ha batle ho atamela pela koloi*

ya mapolesa } Mme ke kopa o buwe le *detective*, Ha se nna monga ketso tseno.

Detective: Monna o ntshenyetsa nako, Ha re ye. { *Detective Lebina o sutumetsa Tseko hore a*

Kene ka hara koloi }

Tseko: { *Wa lla* } Mme ke kopa o mo jwetse hle mme, Nna ha ka etsa ketso ya mofuta o no.

Mmatseko: { *O buwa ka mosa* } Tsamaya ngwanaka, Ha e ba ha wa etsa ketso ya mofuta oo

Detective o tla o kgutlisa. Ha e be ntho eo o e entse o ntse o itshenyetsa nako,

Hobane o ka be o buwa nnete, Hore ke tle ke founele ntatao re o batlele

moemedi. Ngwanaka hoja o ile wa mmamela ha ke re o tlohelle ho matha ka

mora ngwana yane wa Mmalehlohonolo, Tsena kaofela di ka be di sa etsahale.

{ *Koloi e rutla Tseko a shebile mmae ka mohau a hlahetse ka fesetere, O Meokgo mahlong* }

Pono ya 4

Ke mantaha hoseng, Hora ke ya botshelela, Letsatsi ke hona le ntshang nko mobung. Mahlasedi a lona a shapile mona le mane dibakeng tse phahameng. Mmatseko o itukisetsa ho ya setsing sa sepolesa, Ho ya kopana le *detective* Lebina pele ho uwa ntlung ya tsheko. Lena ke letsatsi le beetsweng Tseko le Hloks ho ka hlahella ka pela moahludi. Hang ha Mmatseko a tswa ka lebala o kopana le Mmadisebo.

Mmadisebo: Dumela hle mosadi, E ka ba o ntse o ya jwang?

Mmatseko: Ke tsohile hle ngwaneso, Le ha ho le boima re ntse re qheqhebisa ho ya pele.

Mmadisebo: Ee, tiya o se ke wa dumela hore ketso eo bana bane ba e entseng, E o dule

ha bohloko pelong.

Mmatseko: Ha o mpona ke le tjena mosadi ke tseleng, Ha re hle re kene ho yona. Ke

potlaketse ho ya mane dikantorong tsa sepolesa, Ke batla ho kopana le *detective*

Lebina. Ke utlwe hore na ke lokela ho fumanela Tseko moemedi kapa jwang,

Hobane tsatsing lena Tseko o ilo hlahella ka pela moahludi.

Mmadisebo: Ke tena ke tla e sa le hoseng tjena, E le hobane ke utlwile hore mora hao o

ilo hlahella kgotla. Bana ke ba rona, Le ha ba entse phoso empa re lokela ho

ba tshehetsa. Hobane oo mosebetsi ke wa rona wa ho etsa bo nnete ba hore

ba dula ba bolokehile. Ha re hle re potlake, Re se ke ra fumana Lebina a se a tsamaile. { *Ke bao ba tiisa ka maotong ho leba setsing sa sepolesa, Ha ba fihla*

Ba fetela kantorong ya detective Lebina }

Mmatseko le Mmadisebo: Dumela *detective*, O phetse jwang?

Detective: Ke a phela bo-mme, E kaba lona lentse le ya jwang?

Mmatseko: Ho phela re ya phela ntate ka tlasa mohau wa ramasedi.

Detective: Eya hle mme, Ebile le fumana ke ntse ke itukisetsa tsela. Ha re hleng re tsamayeng,

Ditaba re tla ditshohla tseleng. { *Ba tswa ba kolokile* } Koloi ke yane mane kenang

Ke se ke e butse.

Mmatseko: Ooh" Re ya leboha ntate. { *Mmatseko le Mmadisebo ke bao ba kena ka hara*

Koloi le detective Lebina }

Detective: Mme Mmatseko o se ke wa kgathatseha haholo, Ngwana hao ka hobane ke kgetlo

la pele a fahla mmuso ka lehlabathe. Moahludi o tlo mo fa *bail*, Mme e tla re

ha rona re ntse re fuputsa taba ena, Ena a be a se a kgutletse lapeng. Empa o

tla lokela hore o mo qhobe ho ya kgotla mohla letsatsi leo moahludi a tla mmeela

lona. Ke nahana seo se tla thusa moshanya hao, Hobane o sa le monyane. Ke

nahana hore tsohle tseo a ntjwetsitseng tsona ke di nnete e seng leshano.

Mmatseko: { *Ka ho makala* } Hao" *detective*! O mpolella hore Tseko o na le monyetla wa ho

Ka robala lapeng tsatsing le?

Detective: Ee, Ho jwalo mme. Le ha ke sa tsebe hore o tlo lefiswa tjhelete e kae ya *bail* ,

Empa ke na le bo nnete ba hore ena o tlo e fumana.

Mmatseko: { *Ka ho bososela* } Tjhee" Modimo o moholo, Ke ne ke nahana hore ngwanaka ke

tla mmona ka mora nako e telele. Kapa nke se hlotse ke mmone hape. Empa

ka mora ho utlwa mantswe a hao *detective* , Ke utlwa ke fodile moyeng.

Mmadisebo: Eya mosadi, A o ke mantswe a tlisang tshepo, Le *detective* o tla fumana nako ya

ho ka fuputsa taba ena hantle. Mohlomong Tseko o bua nnete ha a re ha

kenya letsoho ketsong tseo tse mpe.

Mmatseko: Teng ho jwalo mosadi, Tseko ha kenya letsoho petong ya ngwanana eo. Le nna

nka e paka kgotla. Tseko ke ya motseba ke ngwana ya bonolo, Ho tloha

bonyaneng ba hae ha ke so utlwe hothwe o nkile dintho tsa bana ba bang ka

mahahapa. Kapa hothwe o hlekefeditse ngwana e mong.

Mmadisebo: Moo teng nke se hanane le wena mosadi, Ke tseba ngwana hao ho tloha

bonyaneng ba hae. Le hore ke reke founu yane, Ke e rekile ka sebete. Hobane

ke ne ke mo tshepa. Se re ipotsang sona ke hore hobaneng Tseko a ile a

kgetha ho ba motswalle wa ngwana ya thibaneng hlooho jwalo ka ngwana eno

wa Mmalehlohonolo.

Mmatseko: { *O bua ka ho hlomoha* } Mmadisebo mosadi, Wa tseba moleko wa tla wa nteka

tumelo lapeng la ka. Ngwana eno wa Mmalehlohonolo ha ke tsebe o ne a batlang lapeng la ka. Ha e sa le a kena ka hara lapa la ka, Ho etsahala dintho

tse mpe ka hara lapa la ka. Ke hloile letsatsi leo ke neng ke kopana le ngwana

eno wa Mmalehlohonolo. { *O bua jwalo koloi e fihla lekgotleng la tsheko* }

Detective: Ha e ba le batla ho bona ngwana pele a hlahella ka pela moahludi, Le tla lokela

hore le ntshale morao. { *Mmatseko le Mmadisebo ke bao ba sala detective morao*

ho ya ka phaposing ya batshwaruwa, Ha ba kena ka monyako detective Lebina wa

qala wa hoeletsa } Tseko Mosala" Ke batla Tseko Mosala"

Tseko: { *O araba a le sekgutlwaneng* } Ke nna enwa *detective.*

Detective: Monna atamela mona. { *Tseko wa atamela* } Monna mmao ke yane mane, O batla

ho kopana le wena pele o hlahella ka pela moahludi. Ha re ye o ko ilo buwa le

ena. { *Tseko o sala detective morao, Ho ya ho bo-Mmae. Ha a bona mae*

dikgapha tsa qala tsa theoha marameng, Molomo o mo putswa e kare o ne a ja

Sesepa }

Mmatseko: { *O mathela ho Tseko* } Ao nngwanaka! E kaba o phetse hantle? { *O motshwere*

mahetleng } O kile wa ja gwanaka? Mmadisebo nneheletse dijo ka moo ka

mokotlaneng. Modimo! Tseko ha o apere diphahlo tse marantha tjee, Diphahlo

tsa hao di kae?

Tseko: { *O kgorohela dijo melomo e ntse e thothomela* } Mme ke kopa ho ja pele, Ke tla o araba ha ke qetile. Mangwele a na a ka ke utlwa a se a kgwehlile le lephako le ya

uba.

Mmatseko: Ao basadi! A ko bone feela o jwang ngwanaka, Tjhee tjhankane ke utlwa ke e

nyonya. Bona hona jwale e batlile e mpolaela ngwana, Empa o se ke wa

kgathatseha ngwanaka ke tlo etsa bo-nnete ba hore wa tswa mona tsatsing lona

lena.

Tseko: { *O tlohella dijo ha nyane* } Hao mme! Ke eng e etsang hore o nahane hore ke tla

tswa mona tsatsing lena?

Mmatseko: { *O phaphatha Tseko lehetla* } O se ke wa kgathatseha wena ngwanaka, Modimo

eo re mo rapelang o moholo. { *Detective o hlaha a se a le dipampiri matsohong* }

Detective: Ha re yeng hee, Nako e se e fihlile.

Mmatseko: Tseko ha re ye o tla ja hao qetile. { *ke bao ba sala detective Lebina morao, Ba*

nyolohela mokatelong o ka hodimo wa moaho o no }

Detective: Re kena ka hona ka mona mme, Moshanyana o se a tla hlahella ha ho bitswa

lebitso la hae. { *Ka mora metsotso e leshome, Detective o kgutlela ho Mmatseko*

a potlakile } Mme Mmatseko, Mme Mmatseko ke kopa o atamele kwano.

{ *Detective o eme ka pele le motjhotjhisi* }

Mmatseko: E kaba ho na le bothata *detective* ?

Detective: Tjhee mme, Empa feela ke batla ho o tsebisa hore moahludi o kgutliseditse nyewe

morao.

Mmatseko: { *O phahamisitse matshwafo* } Ao modimo! Jonna wee, Ngwanaka o kgutlela mane

diseleng hape.

Detective: O se ke wa kgathatseha mme, Bana ba se ba fuwe *bail* ya makgolo a mahlano

ngwana ka mong.

Mmatseko: { *O hemela hodimo* } Ooh" morenaka, Pelo ya ka e batlile e ema tsii. Ke ne ke

nahana hore ke taba tse mpe feela.

Detective: Na e be o e tshwere tjhelete eo e hlokahalang?

Mmatseko: E teng ntate, Ha ke na bothata ba ho e ntsha.

Detective: Ho lukile mme, Atamela mona hee o tlo ntekenela mona pele re ka tswela pele

ka taba ya rona. { *O tekena moo motswadi a lokelang ho tekena teng* } Ha se

moo hee, Ngwana o se a lokuluhile ho ka ba tlasa tlhokomelo ya hao. Empa ha

a lokela ho etela hole, Hobane o tlo lokela hore a itlhahise ka pela moahludi

maqalong a kgwedi ya Pherekgong ha e hlola matsatsi a supileng. Ha jwale ho

uwa phomolong ya keresemese.

Mmatseko: Ke ya leboha ntate, Moshanyana enwa ke tla mo hlokomela. Ebile le ntatae wa tla

hosasa. { *Mmatseko o bua jwalo o fa detective letsoho, Hobane o se a eme ka*

maoto o ikemeseditse ho tsamaya a kgutlele hae }

Detective: Tsela tshweu bo-mme, Le se le tla tsamaya hantle. { *Mmatseko, Mmadisebo le*

Tseko ba tswa ba salane morao. Ha e le Hloks ena o tsamaela thokwana le

Mmae Mmalehlohonolo }

Tseko: { *Ba tseleng e yang hae* } Ke ya leboha mme, Ka ho nkentsha tjhankaneng...

Mmatseko: { *O mo kena hanong* } O leboha eng ngwana towe? Kapa o leboha hore o batlile

o mpolaya ka lefu la pelo. O lebohang hona moo Tseko?

Tseko: { *Ka boikokobetso* } Ke maswabi hle mme, Ke kopa tshwarelo.

Mmatseko: Nna kgale ke o tshwaretse Tseko, Motho o tlo lokela hore o kope tshwarelo ho

ena ke Mmadisebo le ntatao ha a fihla hosasa.

Tseko: { *O ingwaha hlooho* } Ke kopa tshwarelo mme Mmadisebo, Ka ho o jwetsa leshano ka

taba ya founu. Ha ke tsebe hore ke ne ke kenwe ke eng hore ke o thetse.

Mmadisebo: Ke o tshwaretse ngwanaka, Ke bone hore ngwana yane wa Mmalehlohonolo ke

Ena a o susumelleditseng ho ka etsa ketso empe eno.

Tseko: Mme o buwa nnete ha o re o se o jwetsitse ntate?

Mmatseko: O ne o batla ke etse jwang Tseko? O nahana hore tjhelete eo ke o lefelletseng

bail ka yona ke e nka ho kae? Patrick ke ntatao o lokela ho tseba ka manyala

ao o ntseng o a etsa mona.

Tseko: { *O tsikinya hlooho* } Jonna wee" Ntate o tlo mpolaya, Le founu eo a ntshepisitseng

Yona ka kgolwa ha e reka.

Mmatseko: Ena o sa tlo o tokgotsa ngwanaka, O tlo o metletsa dinko tse sephara tseno. A

ke re nna ha ke o kgalemela ha o mmamele, Ebile o ntiisetsa lentswe. Jwale ke

batla o hle o le tiise hantle ha Patrick a fihla. { *Ba kena ka heke* } Ha ko bone

lebala le jwang, E kare ha kena ngwana moshanyana. Ho ho holo ke ho matha le
rekisa difounu tsa boshodu.

Pono ya 5

Hora ke ya bo robong hoseng, Mmatseko o ntse a hlwekisa phaposi ya hae ya ho robala. Ha e le Tseko ena o ntse a hlatswa dijana ka mane ka ketjhining, Mmatseko o honothela tlase.

Mmatseko: Le ha jwale ke sa ipotsa hore Patrick o tlo fihla neng? Ka mokgwa oo monna

enwa a leng ka teng, A ka tloha a tla a kgiseletsa le hara masiu ka dithoto. Wa

lebala hore ke kgwedi ya keresemese, Bonokwane bo bo ngata. Ka nnete ho

hobe naha e jele boya, Motho ha a le maetong a ma lelele re rapela re sa qete.

hore feela a fihle a bolokehile. Ntho ena e banna ba na ba e etsang.. { *Tseko wa*

Mo hoeletsa }

Tseko: Mme"

Mmatseko: O batlang ngwana towe?

Tseko: Founu ya hao e qeta ho lla, E ka re ke molaetsa.

Mmatseko: Nneheletse yona moo ke tlo bona. { *Tseko o hlakola matsoho ka fatuku, O nka*

founu o ya ho mmae} Bula molaetsa oo, O mpalle ona ke sa phathehane mona.

le hona ke mang wa molaetsa hoseng tjee?

Tseko: O hlaha ho ntate.

Mmatseko: Ee, O reng tatao?

Tseko: O re o ile a hla a tsohella tseleng, Ebile o haufinyana le ho fihla. Hora ya bobedi e

Tla otla a se a le teng.

Mmatseko: { *O kgotsetsa hodimo* } Hee" basadi, Ke mehlolo! Patrick ke ena a seng a kgona

ho tsohella leetong. Tjhee ka nnete dintho di na le ho fetoha, Basotho ba ne ba

bolele hore ho robala ha motho ke ho fetoha. { *O opa diatla* } Tseko ho batla o

qetele ho hlatswa dijana kapelenyana, Ke tle ke kgone ho pheha. Wa utlwa hore

ntatao o se a le tseleng.

Tseko: Ke ne ke se ke qetile mme, Ho setseng feela ke ho ka tsokotsa difatuku. Ho tloha

moo ke tla o suthela o tle o kgone ho pheha. { *Tseko o utlwa eka ho na le motho ya*

Kokotang } Mme e ka re ho na le motho ya kokotang.

Mmatseko: E kaba ke mang? Tsamaya o ilo sheba hore ke mang. { *Tseko o potlakela*

Monyako ho ya sheba, Ha a bula o fumana e le Mmadisebo }

Mmadisebo: Dumela Tseko, E kaba o teng mmao?

Tseko: Dumela mme, E re ke shebe mme ka phaposing ya hae ya ho robala. { *Wa*

Hoeletsa} Mme" Mme"

Mmatseko: Wee"

Tseko: Ke mme Mmadisebo o tlile ho wena.

Mmatseko: { *O hoeletsa a le ka hara phaposi ya hae* } Mo fe setulo a dule, Ke ya tla hona

jwale ke sa qetela mona.

Tseko: { *O hulela Mmadisebo setulo tafoleng* } Setulo ke sena mme, Mme o re o sa qetela

wa tla ka mora metswotswana.

Mmadisebo: Oo" Mmatseko ena o dula a le maphate-phate mehla ena. Ha ke moetetse o tla utlwa a ntse a re hona le ntho eo a e qetelang, Modimo" Tseko, Mmao matla

a makale-kale o a nka kae? A ko le ntshebeleng. { *Mmadisebo o bua a ntse*

A bososela } A ko nketsetse tee moo ke phoke, Ke sa emetse mmao.

Tseko: { *O kgorohela ketlele o tshela metsi* } O nwa e ntsho kapa ya lebese mme?

Mmadisebo: Helang Tseko! Ke batla e pudutswana, Ke kgwedi ya keresemese ha ho sa nowa

Tee tse ntsho tse halakang. Ha jwale ho jowa dintho tse monate.

Tseko: { *Wa tsheha, O bula raka o ntsha lebese le phofo o le neheletsa Mmadisebo le tee* }

ke ena hee mme.

Mmadisebo: Ke ya leboha ngwanaka. Wa bona ntho e nkgahlang ke ho o bona o dutse

mona lapeng o thusa mmao, O kgaohane le ho nyolosa o theosa le ngwana

yane wa Mmalehlohonolo ya etsang dintho tse sa lokang.

Tseko: Hloks! Mme ha ke sa batla letho le tla nkopanya le Hloks, Bona hona jwale o

nkentse ka hara manyofo-nyofo a hae. Ha moahludi a ka mpona molato bophelo ba

ka bo fedile, Hobane ke tlo ba le *criminal record* Ke so qete sekolo.

Mmadisebo: Ngwanaka ha jwale re sa o eme nokeng, Mme re tla etsa bo-nnete ba hore ha

o iphumane o le tjhankaneng. Wena o etse bo-nnete ba hore o bapalla hole le

ngwana yane wa Mmalehlohonolo.

Tseko: Ke ikemeseditse ho etsa jwalo mme. { *Mmatseko o hlaha ho tswa ka phaposing ya*

hae, O tshwere masela a kwahelang mesamo }

Mmatseko: Dumela hle mmannyeo, O tsuhile jwang?

Mmadisebo: Ke tsuhile hantle mosadi, Ha o jere-jere masela a mesamo tjena o bo tlo

hlatswa hape? Hee" basadi! Mmatseko, ke ntse ke bua le Tseko ke re a

Nkutswetse ha nyane nthong eo e sebedisang. Le nna ke tle ke be le matla a

na a tshwanang le a hao.

Mmatseko: { *Wa tsheha* } Hee" Mmadisebo, O ntshehisetsang ha kana e sa le hoseng. Ho

tloha kgale o tseba hore ke motho ya ratang ho itshwarela ka matsoho. Nna ho

dula feela ho se ntho eo ke e etsang hone ho ntlhole kgale ke sa le ngwanana.

Banana ba haeso Qwa-Qwa kwana ba ka o jwetsa seo ke o jwetsang sona hona

jwale, Hore ke ne ke phehisana kgang le bahlankana ka mosebetsi wa matsoho.

Mmadisebo: Tjhee, Wa bonahala mosadi. Lona banana ba mahaeng le iponahatsa le ha le se

le le ditoropong. Ebile ha le fetohe ha bobebe.

Mmatseko: { *O hula setulo o dula fatshe* } Teng ho jwalo, Nna haeso kwana ha o le

koba-diatlana ha o nyalwe. Ba ne ba tla nyalwa banana, Wena o sale mono o le

lefetwa. Ebile monongwaha dintho di se di fetohile, *Democracy* e fetotse dintho

tse ngata.

Mmadisebo: Le jwale dintho di se di fetohile, Bana ba se ba na le ditokelo tse ngata tse

fetang tsa bana ba kgale. Ha se fela ba seng ba sa re mamele ha re bua le bona. Nna ka nnete nka thosola motho ka dinokeng, Ke hlola ke jwetsa Disebo

hore haeba o ikutlwa e se e le mosadi, a fine mose lefito a eme ka hara lebala re kakasane.

Mmatseko: { *Wa tsheha* } Hee" Mmadisebo o reng na?

Mmadisebo: Ke re ke beha motho lengole sefubeng mosadi.

Mmatseko: Jwale rona re tla e tsa jwang re hudisa bana ba bashanyana, Tseko ke eo e se e

le ra-kodu, O diphakahadi. Ke tla tshwara kae ke tlohelle kae? Le nna ha e ne e

le ngwanana, Ke ne ke tla suwa-suwa ke kenye motho tseleng. { *ha a qeta o*

kgotsetsa hodimo, Ebile o opa diatla } Modimo" Wa tla wa e tshwara ka

bohaleng mosadi, Le hona o e tshwere pela mutsu. E re ke behe pitsa ya

seshabo e nne e bele re sa qoqa. { *O ema a potlakile, O kgorohela dipitsa . A sa*

tlhadiela pitsa }

Mmadisebo: Ha ko njwetse mona he mosadi, O ne o se o jwetsitse Patrick ka molato o la wa

bana?

Mmatseko: Kgale ke ile ka jwetsa Patrick, Hobane manyofo-nyofo a no a bona a ne a se a

ntshosa. Ebile a ne a akga tjhankane ka hare. Ho ne ho se ka mokgwa oo

nka mo patelang ka ona, Le maleba-leba ha se ntho tsaka. Jwalo ka ha o ne o

bua o re rona banana ba mahaeng ha re fetohe, Ho jwalo he o se o iponetse.

Le ha ke tseba hore re tlo ngangisana le Patrick ha ke mo jwetsa hore ngwana enwa o entse phoso, Hobane o re ke bokotsa Tseko. Ke motshwere jwalo ka

lebolotsana.

Mmadisebo: Ao! Mosadi, A o ke mathata eo re kopanang le o na rona bo- mmabana. Ke ka

hoo re lokelang hore re tie, Re tle re kgone ho bontsha bana ba rona tsela e

lokileng.

Mmatseko: Ehlile, Ho jwalo mosadi. { *O buela tlase* } Bona feela Tseko moo a dutseng teng

kantle o ikhautsi jwalo ka ngwana ya hloriswang. Ka hobane ke itse a se ke a

hlola a tswela mmileng, Ntle le ha ke mo roma. Ka nnete ke utlwa ngwanaka a

nkotla moyeng ha ke mo sheba. Hona jwale ke shebahala ke le mme ya mobe

ya hlekefetsang ngwana.

Mmadisebo: Ee teng ho jwalo, Batho ba sa tsebeng diketso tsa ngwana ba tla bua jwalo. Ha

re ke re bone nako moo Mmatseko. { *Mmatseko o ntsha founu ka matsweleng, O*

e neha Mmadisebo hore a itjhebele yona } Jowe" Nako e tsamaya ka pelenyana

jwang! E se e le hora ya leshome le metso e mmedi. Modimo" Mmatseko, E re

ke hlahe mane lapeng. Disebo wa tla ho tswa ha malomae, O re o batla ho tla

jella keresemese mona le rona. Ho bonahala a sa rate sebaka se no. Hobane o

se a na le matsatsi a mabedi feela a le mono.

Mmatseko: Eya mosadi, E re ke o ntshe ka lebala feela. Le nna ke sa na le mosebetsi o mo ngata wa ho pheha. { *Mmatseko le Mmadisebo ba tswa ba kolokile monyako* }

Tseko sala o shebile dipitsa tseo tsa ka, Ke ya tla ke sa felehetsa Mmadisebo.

Tseko: Eya mme, Ke tla etsa jwalo. { *Le pele Mmatseko le Mmadisebo ba potela, Ho hlaha*

Hloks le metswalle ya hae }

Hloks: Hela monna Tseko { *Tseko o mo nyemotsa feela ka mahlo, Ha a mo arabe* } Ao

monna! E ne e tlameha hore o thabile ha e le mona re tswile tjhankaneng. Empa ke

ya bona hore ho tshwana feela le ha o tswile kwana, Bona hona jwale o tjhankaneng

e nngwe. Hona jwale o dula o kwalletswe jwalo ka nku, Monna o hlokometse hore

Keresemese e atametse? Ha re tsamaye re ilo itshwina kwana le batho ba bang.

Tseko: { *O halefile* } Hee monna, Tloha heso. Ha ke sa batla eng kapa eng e tla nkopanya le

wena. Le ho atamela pela hao ha ke sa batla hohang, Hobane o etsa dintho tse sa

lokang. Ebile mokgwa hao o rata ho senyetsa bana ba bang bokamoso, Hobane wena

o sentse ba hao.

Hloks: { *Wa tsheha* } He banna! Ho bua Tseko moo, Kapa ho bua mme Mmatseko? E le

hore wena monna o letsopa la mofuta ofe? Ha o le bonolo-nolo jwalo ka *gay* tjee.

ke tjena o hlokang kgarebe.

Tseko: { *O halefile, Ebile o pota-pota ka hara lebala* } Monna ke ilo hlahela dipitsa tsa mme, Ha ke kgutla mona ke fumane o le siyo. { *Hloks wa tsheha le metswalle ya hae*

ha Tseko a kena ka tlung. Ka mora metsotso e ka bang mmedi a tswa o kgutlela ho

bona hape } Hee monna o sa eme, Ke itse le tlohe ka pela lebala leso pele ke le

shoba-shoba ke le lahlela kwana.

Hloks: { *O sa tswela pele ho tsheha* } Wena monna ha o sheba o motho wa ho shoba-shoba

mang? O le ausi Tseko tjee. Ke hore pula e ka na ka dipompong, Nna Hloks ke

shoba-shobiwa ke wena monna. Le dikgoho di ka mela meno. { *Hloks o mena hempe*

matsohong } Monna tswela kantle re nkgisetsane mahafi. { *Moo Tseko a reng o*

kgutlela ka tlung ho ya sheba dipitsa tsa mmae hape, O bona ntatae a hlaha a le

merwalo-rwalo }

Tseko: { *O qamaka kwana le kwana* } Hee monna Hloks, Ho batla le tsamayeng ntate ke eo

moo a tlang le teng. Tlohang ka pelenyana. { *Tseko o bua jwalo a tiisitse ka*

mahlong }

Hloks: Ao monna, O se ke wa kgathatseha, Ntate Pat wa ntseba. A ke se be le bothata ha

ke mo jwetsa hore ke o etetse, Kapa jwang banna? { *Hloks o botsa bashanyana ba*

tsamayang le ena. Mme ba homa ka dihlooho ho paka hore ba dumellana le se

buuwang. Ha e le Tseko ena ha a tsebe hore a ka iketsang, Hobane ntatae

o se a atametse }

Patrick: Dumelang banna"

Tseko,Hloks le bashemane ba tsamayang le Hloks: Dumela ntate.

{ *Patrick o fetela ka tlung* }

O kae mmao? { *Tseko ha arabe ntatae, O mathela ka tlung o tshola* *pitsa ifo* }

Tseko: Mme o feleheditse mme Mmadisebo, Empa o itse wa kgutla hona jwale.

Mmatseko: { *O hlaha a ntse a bua a le mong* } E be ke mang a peralletseng pela

monyako wa ntlu ya ka! Tseko o se a tlesitse bo mang hape. Modimo! Ngwana

o hlooho e thata enwa wa Patrick. { *Ha a atamela haufi le ha hae ke hona a*

bonang hantle } Modimo! Ha e ka ngwana eo ke ngwana yane wa

Mmalehlohonolo tjee! { *Wa qala wa omana* } Hee lona bana ting, Le batlang

mo? Tseko ha a le jwetsa hore ha la amohelwa ha ka mo? Ntsweleng ka lebala

pele ke le tshela ka metsi a belang. { *Hloks le metswalle ya hae ba tswa ba*

petetsane hekeng } Mehlolo ke dinoha mesenene ke batho! Ngwana towe ka

mora ntho eo o e entseng, O sa na le sebete sa ho beha mmongwana oo wa

Hao mona ha ka.

Hloks: { *Ba seba ba le kantle ho lebala* } Le ena ngwana hae o entse phoso, A se ke a

etsa eka ke lenyoloi. Ke phoso ya rona re le babedi.

Mmatseko: { *O halefile* } O batla horeng wena ngwana towe? Heno mane ke ya bona hore

ha wa rutwa molao, O sele o tseba le ho arabisa batho ba baholo ha ba o kgalemela.

Hloks: { *Hloks o tlala le mmila, O arabisa Mmatseko* } O tshaba nnete mme, Ngwana hao le

ena o tswile taolong. Ke ena ya re bitsitseng hore re moetele, A ke re o mo kwalla

ka tlung jwalo ka nku e utsuweng. { *Tseko o hlaha ho tswa ka tlung*}

Mmatseko: Heela" wena Tseko, O qadile hape o tsamaya le ngwana enwa wa

wa Mmalehlohonolo hape? Tseko ha ka o jwetsa hore o tsamaele hole le

ngwana enwa ya sa hlompheng?

Tseko: Mme ha ke so tswe ka hara lebala, Hloks ke ena a tlileng a mathakaka le metswalle

ya hae mona. Nna ha ke so re a nketele.

Mmatseko: Jwale ke mang a itseng a kene le metswalle ya hae ka heke eo ya ka?

Tseko: O kene ka mahahapa mme ke le ka tlung, Kgale ke mo jwetsa hore a tsamaye.

{ *Patrick o hlahile monyako, O mametse Mmatseko ha a ntse a omana* }

Mmatseko: A se hlotse a beha leoto la hae haka mona, Ha a ka tla a akga marikgwenyana

ao a hae hape, Ke tla mo tshela ka metsi a belang. { *O bua jwalo a thinya a*

re o kena ka tlung } Helang! Patrick wa tla wa itlhahanella ho fihla. Tseko na e

be pitsa tseo tsa ka o ntse o di shebile?

Patrick: Nna ha ke kena ke kgahlameditswe ke monkgo wa ntho e tjhang, Mme ha ke sheba

Ka bona musi u kuba hona mane ifo.

Mmatseko: { *O itshwara hlooho, Ebile o hemela tlase ke ho utlwa bohloko* } Modimo! Tseko o ne o etsang hore dipitsa tsa ka di qetelle di tjhele? { *Tseko o iname* }

Patrick: O ne a ntse a le hona mona kantle, A na le bashanyana ba ne beo ke utlwang a seng

a itatola bona. { *Mmatseko o feta Patrick monyako o kena a potlakile, Tseko o kena*

a mo setse morao }

Tseko: Ke kopa tshwarelo mme. { *Mmatseko o thotse ha a mo arabe, O ntse a kutumanya*

dipitsa } Ke kopa tshwarelo ke tihisitse mme, Ntate o fihlile ke ntse ke leka ho

leleka Hloks. Ka nnete ke ya hlapanya mme, Ha ke so re Hloks a tle mona lapeng.

Dipitsa di qetelletse di tjhele tjena, Ke ne ke ntse ke ngangisana le Hloks hore a

Tlohe mona lapeng. Kgetlong lena ha ke o thetse hle mme. { *Tseko o bua ka mosa*

a tebisitse maikutlo, Ho tloha moo a reteleha o ya a labile phaposi ya hae ya ho

robala. Mmatseko ena o tsitsinya hlooho, O sa le dipitseng. Patrick o fetela ka mane

ka disoufeng, O fihla a kgantsha theleveshene. Ha a qeta a penya ho ka shebella

lenaneo la dipapadi. }

Pono ya 6

Hora ke ya bo robedi bosiu, Mmatseko o ntse a ngwatha dijo tsa mantsiboya. Patrick o dutse soufeng o shebile pale, Ha e le Tseko ena o sa a ikwalletse ka hara phaposi ya hae ya ho robala.

Mmatseko: Modimo! Ngwana eo o tla ikwalla ka hara phaposi ho fihlella neng? Tseko"

Tseko"

Tseko: { *O araba a le ka hara phaposi* } Mme"

Mmatseko: Tloho o tlo nka dijo tsa hao pele di kenwa ke maphele.

Tseko: Di kwahele ke tla tla ke di nka. { *Mmatseko wa dikwahele, O nka tsa hae le Patrick o*

fetela le tsona ka mane ka disoufeng }

Mmatseko: Dijo ke tsena ntate

Patrick: { *Wa dinanabela* } Ke ya leboha mme. Tseko o re bothata ba hae ke eng? Ha a

ikwalletse ka hara phaposi a sa batle ho hlahella mona a tlo ja dijo tsa bosiu le

rona. Ho batla a hle a je a kgore, Ho na le taba eo ke batlang hore re tlo e

tshohla. Re ka be re e tshohlile motshehare kwana, Empa ka bo-madimabe ke fihlile

ka nako e mpe dintho di etsahala.

Mmatseko: Ee, Ho jwalo ntate. Empa ke bona eka dintho di ntse di so loke, Ke eng o sa

Emele hosasa hoseng. Hore le tshohle taba eo hantle?

Patrick: Tjhee, Hosasa ke ne ke nahanne ho ya hlaha hae kwana Qwa-Qwa. Nke ke ilo bona

mosadi-moholo, Motho a sa na le disentenyana.

Mmatseko: Jwale hobaneng o sa kgethe letsatsi le leng?

Patrick: Lebaka e le eng? Hobane ke se ke ba founetse ke ba jwetsa hore hosasa ke tla be

ke le mono, Ba dule ba ntebelletse. Ke batla ho qetela ho ja feela o bitse yane

Tseko a tle mona re tlo bua.

Mmatseko: { *O hemela tlase* } Ke tla etsa jwalo ntate, Jwale o tlo kgutla neng ho tswa hae?

Patrick: Ke tla robala bosiu bo le bong feela nke ke buwe le badimo ba ha Mosala, Letsatsi

le latelang ke be ke kgutla. Ke ne ke nahanne hore re tla tsamaya mmoho, Empa

ho latela seemo sa lapeng mona ha se re dumelle. Re ke se tsamaye re le babedi re

siya ngwana yane haka mona a le mong, A ka fetola ntlu ena ya ka qanthaneng.

Mmatseko: Ho jwalo ntate, Ha ke tsebe ngwana enwa re tla mo tshepa jwang ka mora ntho

eo a e entseng. Empa ke ya motseba Tseko ke ngwana ya lokileng, Empa feela a

dihelwa ke metswalle. { *O ema fatshe, O nka sekotlolo sa hae le sa Patrick* } E re

Ke hle ke mmitse hee. { *Mmatseko o beha dikotlolo ka ketjhining, Ho tloha moo*

O toba phaposing ya Tseko o fihla a kokota monyako } Tseko" Tseko"

Tseko: Mme"

Mmatseko: Bula mona wena ngwana towe. { *Tseko o bula monyako* } Feta re ye ka mane ka

disoufeng, Ntatao o batla ho bua le wena. { *Tseko o tswa a setse mmae morao*

ho ya ka mane ka ho Patrick }

Patrick: Monna dula mona pela ka, Hobaneng o dula pela mmao moo? Ke nna ya o

bitsitseng Kapa mmao ha o jwetsa? { *Tseko o ema a thotse o atamela pela ntatae* }

Mmatseko: Ke kopa o ke o buwe le ena hantle hle motho wa modimo.

Patrick: Jwale monna ha ko njwetse mona, Ho tlile jwang hore o qetelle o le tjhankaneng?

ke kopa tlhakisetso ya hore ho etsahetseng. Mmao ha mpha dintlha ka botlalo. Ke

nako e ntle ena monna ya hore o tswe ka taba.

Tseko: { *O ntse a tadima mmae kgafetsa* } Ntate Hloks ke ena a nkentseng ka hara

manyofo-nyofo a hae.

Patrick: Ha o re Hloks ke ena a o kentseng ka hara manyofo-nyofo ao o batla horeng? O

njwetsa hore Hloks eo wa hao o tlile lapeng mona a fihla a o kakasa a o akgela

mane tjhankaneng? { *Patrick o ntse a halefa ha nyane ha nyane* } Bua hee monna

heso ke batla ho tseba hore ho etsahetseng.

Mmatseko: { *O atamela pela Patrick* } Butle ha nyane hle ntate ka ho mo furuletsa ka

Mantswe.

Patrick: { *O tonela Mmatseko mahlo* } Ke mo furuletsa ka mantswe, Na e be mosadi eo wa

ikutlwa hore o ntse a reng. Ke batla ho utlwa mmoko-taba wena o njwetsa hore ke

furuletsa ngwana ka mantswe!

Mmatseko: { *Ka boikokobetso* } Tjhee ntate, Ke ne ke sa leke ho ema mantswe a hao ka pele

empa feela ke ne ke.. { *Patrick o mo kena hanong* }

Patrick: Empa eng Mmatseko? Ke ya bona ngwana enwa o se o mo fetotse monga lapa lena

Ebile o se o na le sebete sa ho itshunya-tshunya dipakeng ha ke leka ho bua le

ngwana enwa. { *O sisinya Tseko* } Hela monna nkarabe, Ke sa emetse karabo hore hantle-ntle ho etsahetseng. Ntjhebe mahlong monna o tlohella ho inama, Ha le

dietsa le di etsa le leletse. Bua" o tlohelle ho iketsa mainangwane mona. { *Tseko o*

sa iname, Ha bui o thotse tuu, Patrick o motshwara ka dikipa molaleng. Mmatseko

le ena o ema fatshe o kgorohela Patrick o mo tshwara matsoho }

Mmatseko: Theola moya hle ntate, Ngwana o fositse ke nnete. Empa ke kopa o mo tshwarele

hle Mosia. { *Patrick o tlohella Tseko a ntse a hemesela ke ho kgena* }

Patrick: Jwale ke wena ya mo kopelang tshwarelo? E le hore ena ha a sa tseba ho bua?

{ *Tseko o ema fatshe, O tswa a topotse o ya ka phaposing ya hae ya ho robala. O*

fihla a kgahlela lemati a inotlella ka hare } Hela wena ngwana towe" Ke mang a

itseng o tsamaye? { *Tseko ha a mo arabe, O thotse tuu.* } Wa bona Mmatseko ntho

eo ke ntseng ke o jwetsa ka yona, Hona jwale ngwana enwa o se a ntletse matsoho

ka lebaka la hao.

Mmatseko: { *O phahamisitse lentswe* } Jwale o batla ho reng Patrick? Ha eka o jarisa nna

molato, O re ke nna a etsang hore Tseko a tswe taolong. Nna ke bona e le

wena ya e ntseng phoso ka ho shoba-shoba ngwana ka di washene, Mohlomong

dintho di ka be di se tjena.

Patrick: Ehlile Mmatseko, Ke o jarisa molato o no, Hobane ha ke bua le ngwana enwa o

dula o nkema ka pele. Bona hona jwale o rutile ngwana mekgwa e mebe, Ebile e se e mo kgutlisa tjhankaneng.

Mmatseko: { *O halefile* } Hantlentle o mpatlang Patrick? Hobane ha e ne e se ka wena ka ho

matha o lelera o ya Gauteng, Mohlomong ha o ne o batlile mosebetsi haufi

tsena tsohle di ka be di sa etsahala. Merafo ke eo mono Orkney haufinyana le

Hae. O ntlusitse Qwa-Qwa kwana o re mesebetsi ha e yo, Ha o fihla mona wa

boela wa ntshiya hape wa leba Gauteng. Jwale o re nna ngwana moshanyana ke

mo etseng, Hobane ke leka ka hohle ho nka kgonang ka teng.

Patrick: Ke ile Gauteng ke ilo batla mosebetsi, Ke leka ho kgotsofatsa wena le ngwana enwa.

Hobane le ne le mpatla dintho di hana ho fela, jwale o njwetsa hore le ne le tla

kgotsofala ha ke sebetsa haufi mona moo tjhelete e le nyane? Ha e ba ho jwalo he

ha ke na bothata, Hobane nna ke tena ke fetoha moleleri tjena ka baka la lona.

Mmatseko: Tseko ke eo o se a le koduhadi, Mohlomong ha o ne o le haufi o ne o tla mo

tataisa o mmontshe tsela.

Patrick: { *o halefile ebile o eme ka maoto* } Mosadi towe, O batla hore ke nna ya e ntseng

hore ngwana enwa a qetelle a le tjhankaneng ka ho ya Gauteng? Ho na ke mohlolo

e le ka nnete! Manyala a tjena ke qala ho a utlwa. Ke ikana ka Basia ba ntswetseng

{ *O bua jwalo o furalla Mmatseko, O ya ka phaposing ya ho robala* }

Mmatseko: Ntshwarele haeba ke buile hampe Patrick, Jwale o ya kae? Hoba re sa bua.

Patrick: { *O kena ka phaposing* } Sala o bua o le mong jwalo, Kapa o tsose ngwana yane wa

hao eo o mo bokotsang. Nna ke batla ho phomotsa hlooho ya ka, Hosasa ke

tsohella tseleng.

Mmatseko: { *O hlatswa dijana a ntse a bua a le mong* } Modimo! Ngwana a tla a nkenya

seretseng, Ka sala ke qhafutsa ke le mong. Hape o tshwana le ntatae ka hlooho

e thata. Ka nnete ke utlwa ke qakehile, Ha ke tsebe hore ho hlokahala ke

etseng ha ho le tjena.

Pono ya 7

Ke hoseng hora ke ya botshelela, letsatsi ke hona le ntshang nko mobung. Tseko o sa robetse, Patrick ena o paqame feela hodima bethe. O se a kgutla kantle ho tswa hahlwa ke moya o phodileng wa hoseng. Ha e le Mmatseko ena o se a di rahile, O ntse a otlolla diphahlo tsa Patrick ka aene. Metsi mane setofong a kubella musi ho paka hore a se a tjhesa. Mmatseko o otlolla marikgwe jwalo a ntse a bina sefela sane sa hae seo a se ratang sa "Kena le modisa" le ha a sa ntshe mantswe, empa o se otlela ka marameng. Ho tloha moo a ya ka phaposing ya bona ya ho robala.

Mmatseko: { *O fumana Patrick a ntse a kakalletse hodima bethe, O fihla a mo*

Phaphatha ka mahetleng} Patrick metsi a se a futhumetse, ke o tshelle o

na ka bateng?

Patrick: { *Wa tsoha* } E re ke shebe diphahlo tseo ke tlo di apara...

Mmatseko: {*O kena Patrick hanong*} Diphahlo ke se ke di lukisitse, Wena tsoha feela

o kene bateng o hlape. Ke ilo a tshela hona jwale ha ke tloha mona.

Patrick: Ooh, Kea leboha mofumahadi. Ke ne ke nahana hore o sa kgenne kapa hona

ho ntshupa ka monwana, ka lebaka la manyofonyofo a ntseng a etswa ke eo mora

hao Tseko. Ha ke hanane le wena ke ya mmona Tseko hore o se a hudile mme o

hloka motho wa ntate pela hae. Mono teng ke dumellana le wena. Le nna ke se ke

mmone hore o se a tiisa kodu ha a buwa le wena.

Mmatseko: Tjhee ntate, ke ne ke sa o...

Patrick: { *o kena Mmatseko hanong* } Ema ha nyane ke qete ho buwa mohatsaka. { *Mmatseko* *wa thola* } Ntho e ntshwenyang ke taba ya hore Tseko o kena sekolo. Ha a ne a sa

kene sekolo, ke ne ke tla monka ke ye le ena kwana Gauteng merafong. Ke mpe ke

ilo mmatlela mosebetsi. Empa wena o ne o hlakisi hore ha hona ngwana hao ya tla

sebetsang merafong, ha e le feela o ntse o phela. E le ha o bona bophelo boo re bo

phelang kwana merafong. Jwale ha ko mpolelle mona, Re etsa jwang ha ditaba di le

tjee?

Mmatseko: Mabaka o se a beile Mosia ke utlwile hantle hore o ntse o reng.{ *Ha a qeta wa*

inama o imamela metsotswana } Le nna ke qakeile, Empa ke nahana hore re ke

re dule le Tseko fatshe re buwe le ena. Ngwana ha se sefate o na le ditsebe

wa utlwa. Hape Tseko ke ngwanaka kea mo tseba, ha se ngwana ya thibaneng

ditsebe. Empa feela ngwana yane wa Mmalehlohonolo a mo qhekelletse a mo kentse

Ka hlooho dintho tseo tsa hae

Patrick: Tjhee, Haeba ke tsela eo o bonang taba ena ka teng, Ha hona bothata mofumahadi.

Nna ke ne ke bona eka tharollo e ne e kaba ho mo isa hae kwana Qwa-Qwa ha

selemo se qala, hore a tle a ilo kena sekolo teng. Mohlomong o tla fetoha, Hobane

o tla be a le hole le metswalle eo ya hae e thibaneng ditsebe.

Mmatseko: Tjhee, ntate. Moo ke hanana le wena, o ke se batle ho nkamoha bana ba ka bobedi ba bona ba ilo holela hole le nna. Selemong se sa tswa shwa, o ile wa

tletleba ka hore mme wa hao wa sokola kwana hae. Ha hona motho ya mo

kgellang metsi. Ya ba ke ya dumela ha o nka Mpho o re a ilo dula le ena, hore a

tle a kgone ho mo kgella metsi. Jwale le Tseko hape? { *Mmatseko o se a fetohile*

ka mahlong, Ebile buwela hodimo ka hobane ke motho ya lentswe le phefa.}

Patrick: Khahle boo" Mofumahadi. Ha e ka wena o mfuruletsa ka majwe, Empa e le kakanyo

feela tjee! Nna ke ne ke mpa feela ke nahana leqheka le ka tlosang ngwana enwa ho

metswalle eo ya hae e mebe. E ne e se hobane ke batla ho amoha ena. Le teng ke

kopa tshwarelo haeba ke buile hampe. Hape ke a bona hore taba ya hore Mpho o ile

hae kwana ha ya o tshwara hantle moyeng.

Mmatseko: Ha e le taba ya Mpho yona ha e ntshwenye, hobane re ne re dumellane ka yona

Re shebisane ka yona ra ba ra nka qeto bobedi ba rona. Le lebaka e ne e le

utlwahalang. Empa ha e le ena ya Tseko moratuwa o tla ntshwarela, Ngwanaka

ha ho moo a yang teng. Ebile e re ke ilo o tshella metsi o tle o kgone ho hlapa

{ *Mmatseko o ema moo a neng a dutse te o tswa ka monyako wa phaposi* }

Patrick: Ke nna eo mahatsaka ke a tla. { *Ha a qeta o itihela ka mokokotlo hodima bethe, ka*

mora metsotswana a ema hodima bethe a potlakile, Ha a tswa ka monyako a kopana

le Tseko e le hona a tsohang a ntse a ikotlolla pela monyako wa phaposi ya hae}

Dumela mona?

Tseko: Dumela ntate, e kaba o tsohile jwang?

Patrick: Ho tsoha ke tsohile hantle monna heso, Empa ho na le taba eo ke batlang hore

nna le wena re e tshohle pele nka tsamaya.

Tseko: Eya ntate, ha hona moo ke yang. Ke ilo dula ka mane ka disoufeng ke shebe

theleveshene.{ *Patrick o kgaohana le Tseko, o feta a hulanya meqathatso ho ya ka moo*

ho hlapelwang ka teng.}

Mmatseko: { *O kopana le Tseko ka mane ka moo ho shebellwang theleveshene ka teng. }*

Dumela Mosia, ho jwang?

Tseko: Ke phetse mme, wena o phetse jwang?

Mmatseko: Ke phetse ngwanaka, Ebile ha hona ntho eo e nthabisang jwalo ka ho bona

wena le ntatao le utlwana. Le ntse le ntsheba le reng moo Tseko, ke le bone

o se ke wa nahana hore ha ke a le bona. { *Mmatseko o buwa jwalo ka pososelo}*

Tseko: Tjhee, mme. Ntate o ne a re hona le taba eo a batlang ho e tshohla le nna, Hang ha

a qeta ho hlapa.

Mmatseko: Ooho" Ae, ha hona bothata Mosia. E re nna ke o siye ke ilo qetela ho paka

diphahlo tsa ntatao ka mokotleng. {*Mmatseko o tswa a ya ka phaposing ya hae ya ho robala. Tseko ena o sala a ntse a shebile theleveshene. Ka mora metsotso*

ntatae Patrick a hlaha a ntse a konopela hempe.}

Patrick: Kea di utlwa monna ditaba tsa hao, ha mmao a nkalla tsona. *{ o fihla a dula pela*

Tseko} Dintho di se di etsahetse boholo, Jwale ke nako ya hore ho lukiswe moo ho

senyehileng. Jwalo ka ha ke tsamaya tjena ke ya hae, ke lebelletse hore wena o sale

o hlokometse lelapa lena laka ha mmoho le eo mmao. Ha ke sa batla ho utlwa

hothwe o ntse o tsamaya o sasanka le bana ba tswileng tseleng o nyolosa o theosa

mona Thabong. O ntse o nkutlwa hantle monna?

Tseko: Eya ntate, ke o utlwa hantle.

Patrick: Ke thabela ha re utlwana Mosia, E re ke kopane le mmao ka mane. Nna ya ka e se

e tjhaile. Ditekesi tsane tse yang Qwa-Qwa di na le ho dieha ho tlala, Jwale ho batla

ke hle ke itlhahanele ke tle ke kgone ho tloha ka tekesi ya pele. *{ Patrick o bua jwalo*

o ya ka phoposing ya ho robala ho Mmatseko}

Mmatseko: Ebile o se o qetile na Mosia?

Patrick: Eya mme, e kare dintho di ile ka mmoho. Ha e le ha jwale ho batla ke hle ke

potlakele leeto.

Mmatseko: *{ o mo neheletsa mokotlana }* Tshwara moo hee, ntho e ngwe le nngwe eo o tla e

hloka e teng ka mona.

Patrick: Kea leboha mofumahadi, ha re hle re fetele ka mane nako e batla e se e ile

ke batla ho tloha ka tekesi ya pele.

Mmatseko: Ao, motho wa batho! Ha o so phoke le tee, empa o se eme ka maoto o re wa

tsamaya.

Patrick: O se ke wa kgathatseha mme, tsa dijo ke tla di bona tseleng. {*O bua jwalo mokotla o

se o le lehetleng*} Tlo nkotle ka o jang papa hee, ke tle ke jwetse Tseko hore e tjhaile.

{ *Mmatseko wa atamela, o mo tshwara ka ditsebe. Ha ba qeta ba fetela ka motsheo*

Mmatseko o hoeletsa Tseko hore a tlo dumedisa ntatae o se a tsamaya}

Mmatseko: Tseko atamela ka mona ntatao o se a tsamaya.

Tseko: { *o atamela ka pelenyana* } O se o tla tsamaya hantle hee, Ntate. O dumedise Nkgono le

Mpho, mohlomong ke tla ba bona lemong se tlang.

Patrick : Ke tla etsa jwalo Mosia. { *o bua jwalo o tswa monyako* } Le se le tla sala hantle

Batobatsi.

Mmatseko le Tseko: Tsela tsheu ntate"

Pono ya 8

Ke hara mpa ya motshehare, letsatsi ke le ntshang kwena bodibeng. Le eme ka hodima dihlooho tsa batho. Mmatseko o paqame tlasa sefate se ka theko ho ntlu, Pela hae ke sekupu sa metsi a batang. Haele Tseko ena, o kakalletse hodima soufa o shebile dibaesekopo tse bapalwang thelevesheng ha e le kgwedi ya Tshitwe tse ipapisitseng le lefu la morena Jeso.

Mmatseko: { *O honotha a le mong*} Ke hore ka ipotsa hore Patrick o se a kene kwana hae

kapa o sa le tseleng. Patrick o na le ho ipolella hore hae kwana ha hona

ditsotsi kapa tsona dinokwane. Ena o qetetse e sa le Qwa-qwa yane ya rona re sa

le batjha. Hona jwale ho hobe le maqheku a se a felehetswa ho ya mabenkeleng.

Jwale Patrick ena o tlo batla ho fapohela tameneng pele a ka ya hae, Modimo!

Banna ba na ba empa feela ba hlolwa ke ho ka re mamela, Ha ba ne ba ka re

mamela ha re bua le bona dintho di ne di tla tsamaya ka tsela e hantle. Ba

tshwana le bona bana ba na ba bona ba bashanyana, ba tjhiki ha ba batle ho

mamela. E re ke ye ka tlung ke ilo itshella dijo, ka utlwa lephako le se le uba. Ha

ke kgone le ho ka ja ke ho nahana ka monna yane. { *Mmatseko o ema fatshe, o*

tlhotlhora tjale eo a neng a e adile fatshe o kena ka tlung. O fumana Tseko a

kakalletse a beile maoto hodima soufa} Hee" wena ngwana towe, O ne o ntse o ntlwaetswa ke mang?

Tseko: { *Tseko o nyaroha a tlolela hodimo* } Bothata ke eng mme?

Mmatseko: O re bothata ke eng? Ha o bone manyala o ntseng o a etsa.

Tseko: Ke entseng jwale mme?

Mmatseko: O mpotsa hore bothata ke eng? O bona ho le hotle ha o beile mmongwana eo

ya hao hodima disoufa tsaka?

Tseko: Empa mme ke hlapile....

Mmatseko: { *O mo kena hanong* } Empa eng Tseko, Ke tle ke o bone o a beile hape.

Mmongwana eo ya hao ke tlo e poma ka selepe haeba ya o hlola. Le ntatao

ha ke be a etse mehlolo ena eo o batlang ho e etsa.

Tseko: Ke kopa tshwarelo mme.

Mmatseko: E mpe e be o e kopa o tiisitse, Nna disoufeng tsa ka re tla isana hodimo le tlase

ke ngwatha dijo, le wena ke o ngwathele?

Tseko: Ka kopo hle mme, Le nna ke se ke utlwa hore lephako le ya uba. Ha e sale motho a

qetela ho ja maqhetswana a mabedi a bohobe hoseng kwana ha ntate a qeta ho

tloha.

Mmatseko: { *Mmatseko o kutumanya dipitsa, o ngwatha dijo ha a qeta o fetela ka disoufeng*

ho Tseko o dula fatshe } Pele re ka ja Tseko, Ako nneheletse founu eo moo pela

theleveshene. Ke batla ho founela ntatao pele ke utlwe hore o se a tsamaya kae?

Nna ka nnete ha ke no kgona ho ja ka pelo e lukuluhileng ke so utlwi hore

ho etsahalang.

Tseko: { *O ema ka pelenyana o neheletsa mmae founu* } Ke ena mme.

Mmatseko: Kenya dinomoro tsa ntatao o mo founele re utlwe.

Tseko: { *Tseko o etsa jwalo ka ha a laelwa* } Ke ena mme ya lla. {*Mmatseko o e tjhwabola a*

ema a ya ka phaposing ya ho robala. Ka mora metsotswana Tseko a utlwa hona le

motho ya kokotang, Ha a bula monyako o fumana e le Mmadisebo.*}

Mmadisebo: Dumela Tseko, E kaba o teng mmao?

Tseko: Re phetse mme Mmadisebo. Mme o ntse a bua ka founu ka mane ka phaposing ya

hae ya ho robala.

Mmadisebo: { *O kena ka tlung* } Ako nneheletse setulo seo nke ke dule ke mo emele, Le ha

ke potlakile empa ke tshepa a keke a nka nako e ngata a le mono founung.

Tseko: Le nna ke tshepa jwalo mme Mmadisebo, Hobane e se e le...

Mmadisebo: { *O hlaha ka phaposing a hoeleditse* } O ntse o bua le mang ka moo Tseko?

Tseko: Ke mme Mmadisebo mme, o tlile ho wena.

Mmatseko: E re a fetele ka disoufeng ke nna enwa.

Mmadisebo: Hee" Ke maoto a matle mosadi, Ebile ke le fumana le ja dijo tsa motshehare.

Mmatseko: Hle o nke tseo tsa ka, ke tla ilo ngwatha tse ding ka mane ka motsheo.

{ *Mmatseko o ntse a kutumanya dipitsa* } Ako mpolelle mona mosadi, O hlaha kae

Hara letsatsi le tjhesang ha bohloko tje?

Mmadisebo: Ao! Ebile o utlwa le tjhesa haholo? Lona Mmatseko le ba sehlana ke tjena le

tshabang letsatsi, rona ditshwana re kgona le ho phetha mabaka le ha ho tjhesa.

ke batla ke hle ke potlake ke ilo reka kgoho mane ha Mmataelo, Ke di bone di

nonne ebile di boima.

Mmatseko: Ao! Kgale nna ke sa tsebe le ho tseba hore Mmataelo o rekisa dikgoho. O qadile

neng?

Mmadisebo: Tjhee ha se kgale mosadi, e se e le matsatsinyana a di rekisa. Ebile nna ke

bona eka e tlaba ntho ya kgwedi ena ya keresemese feela.

Mmatseko: Atjhe mosadi, Le nna ho batlahala hore ke tsamaye le wena ke ilo iponela. Le

nna ke ntse ke batla ho reka kgoho, Empa ke ne ke shebile tsa monna-moholo

Sekekete.

Mmadisebo: { *O kgotsetsa hodimo*] Modimo" Mmatseko! Tsona dikgoho tse otileng tseo?

Monna-moholo eo ha e sale a di beile moo a di bolaisa tlala, ebile di na le

botsikwane.

Mmatseko: Tseko ako nneheletse katiba eo ya ka ya letsatsi ka moo, Nke ke ilo sheba

dikgoho tseo Mmadisebo a buang ka tsona. { *Tseko o ya ka phaposing ya mmae ya*

ho robala o lata katiba o fihla a e neha mmae} O se o tla sala o hlatswa dijana

tseo ke a tla.

Tseko: Ke tla etsa jwalo mme.

Mmatseko: { *Ba sa le tseleng e yang ha Mmataelo. O bona Mmalehlohonolo a le hojana,*

Ebile eka le ena o ya ha Mmataelo.} Mmadisebo, Ha se Mmalehlohonolo eo a

kenang moo?

Mmadisebo: Ha ke mmone hantle, na e be ke ena?

Mmatseko: Sheba hantle mosadi, ke Mmalehlohonolo feela ya nang le tuku eo e kgubedu

e kang ya basadi ba morena yane. Hana hothwe ke kae moo?

Mmadisebo: Ke Swaziland. Ee, Ke hona ke mmonang Mmatseko. Ehlile ke ena, Ebile ke yane

a kena ha Mmataelo.

Mmatseko: Ke tjholo hore ke ena, E kaba mosadi eo o bolelletswe ke mang hore Mmataelo

o rekisa dikgoho? Hee mosadi wa fofonella enwa wa Marakeng.

Mmadisebo: { *Wa keketeha ka ditsheho* } Tjhee, le wena mosadi wa mmakatsa! Taba eo ya

bana e ka etsa hore le shebane ka mahlo a moleka wena le Mmalehlohonolo?

Taba ya hore Mmataelo o rekisa dikgoho e tletse-tletse le lekeeshene lena, Ke

wena feela mohlomong ya neng a sa tsebe hobane o dula o ikwalletse ha hao

mane.

Mmatseko: Ha e le ho bua nnete mosadi, Mmalehlohonolo ha e sale ke mo hloya ho tloha

mohlang a neng a emela ngwana hae, a re ngwana hae ha molato ba molato ke

ba rona. Ka nnete Mmadisebo ke ile ka utlwa mosadi eno a fapane hlooho, O

hlolwa ke ho kgalemela ngwana o mo rotloetsa hore a etse dintho tse mpe.

Tjhee ya sebete enwa mosadi! Nna nke se dumele Tseko a etse dintho tse mpe,

Ebe ke ya motshireletsa ke re ngwanaka o na le boitshwaro. Tshoo" Ke ntho ya

Ho tshwelwa ka mathe.

Mmadisebo: Eya mosadi ke utlwa tletlebo ya hao. Empa batswadi ba bangata ba na le ho

tshireletsa bana ba bona mahlong a setjhaba, e re ha ba fihla ka tlung ba be ba

lwana ya kgumamela ba lwantsha bana ba bona hore ba fetohe. Ha o tsebe hore

o ikutlwa jwang ka dintho tseo ngwana hae a di etsang. O kile wa kopana le

ena la ka la bua?

Mmatseko: { *O kgotsetsa hodimo* } Hee" Mmadisebo, ha ke tshepe hore ke wena ya emelang

Mmalehlohonolo. Tjhee o ntlhotse mosadi.

Mmadisebo: O bua ka eng jwale Mmatseko? Nna ha hona motho eo ke mo emelang, Empa

feela nna ke sa batle hore le hloyane ka lebaka la diketso tsa bana. E re ke be

ke thole re kene ka heke. { *Mmadisebo le Mmatseko ba kena ha Mmatelo, Mme ba*

fumana a ntse a kgaseletsa le Mmalehlohonolo. Ho dumedisa Mmadisebo, Mmatseko

o ba tadima feela ha a qeta o itjhebela kwana.} Dumelang basadi, Le phetse jwang?

Mmalehlohonolo le Mmataelo: Dumela ausi Mmasebo"

Mmadisebo: Mmataelo ke kopa o ke o nthuse ka pelenyana ke batla ke potlakile, Letsatsi ke

leo le haba matubatsana. { *Mmatelo o ya serobeng sa dikgoho o ilo nkela*

Mmadisebo kgoho. Mmalehohonolo o sala a dutsi ka theko ho monyako.

Mmadisebo o buela tlase } Tjhee, le wena mosadi! Le tumediso ya tumediso. A ko

tlohelle ho mphoqa tjena ke o tshepile.

Mmatseko: Nna ha ke dumedise balotsana, Batho ba rotloetsang bana ba bona ho ka etsa

ketso tse mpe.

Mmadisebo: { *O sunya hlooho sefubeng sa Mmatseko* } Ako buele tlase mosadi. Wena o

lentswe le phefa, Mmalehlohonolo o tla tloha a utlwa hore re ntse re bua ka

ena.

Mmatseko: { *O buela hodimo* } O lukile, motho o lokela ho jwetswa ha a ruta bana mekgwa

e ditshila. Tapole e bodileng e tlo bodisa tse ding.

Mmalehlohonolo: { *O se a qahamisitse ditsebe* } Mmadisebo mosadi eo o bua ka mang?

Mmadisebo: Re ntse re iqoqela feela ka.. { *Mmatseko o mo kena hanong* }

Mmatseko: Re bua ka batswadi ba tshwanang le wena, ba rutang bana mekgwa e me be.

hee wa tla wa senya bana ka ho ba emela?

Mmalehlohonolo: { *O raoha setulong o ema ka maoto* } Mmatseko ha ke tlo rutwa ke wena

hore bana ba ka ke ba hudise jwang. Ke batla ho bona hore lenyoloi leno la

hao le tlo fella ho kae, Hobane ha ngwanaka a ya tjhankaneng le lona le ya ya

Mmatseko: { *o re o kgorohela Mmalehlohonolo, Mmadisebo o kena dipakeng* }

Mmadisebo a ko ntlohelle ke rute mosadi enwa ho phela le batho, O nahana ke

potele e kgwathwang ka lehlaka. Atamela kwano { *Mmatseko wa ithutla* }

Mmadisebo: Theola moya hle mannyeo, bana ba se ba eme matlotlosia ba shebile lona.

{ *Mmadisebo a sa thiba Mmatseko, Mmataelo o hlaha a tshwere kgoho o e neha*

Mmadisebo} E tshware ha nyane mosadi re sa tshohla taba mona. Ha o bona

Basadi ba se ba shubile mese tjena o tsebe ho hobe.

Mmatseko: { *O nka kgoho ho Mmataelo* } Ha re ye Mmadisebo, Ha ke batle ho utlwa letho le

tla nkopanya le mosadi eno.{ *Mmadisebo o tswa a setse Mmatseko morao* }

Mmadisebo: Le se le tla sala hantle hee basadi, Le be le Keresemese e monate.

www.ingramcontent.com/pod-product-compliance
Lightning Source LLC
Chambersburg PA
CBHW071223300925
33374CB00057B/2440